우리가 기억해야 할
역사의 순간

기억록
우리가 기억해야 할 역사의 순간

초판 1쇄   2020년 10월 12일
초판 2쇄   2022년 12월15일

지은이   김시은
그린이   이은주
펴낸이   구모니카
디자인   양선애
마케팅   신진섭
펴낸곳   M&K
등록   제7-292호 2005년 1월 13일
주소   경기도 고양시 일산서구 고양대로 255번길 45, 903동 1503호(대화동, 대화마을)
전화   02-323-4610
팩스   0303-3130-4610
E-mail   sjs4948@hanmail.net
bolg   blog.daum.net/mnk

ISBN   979-11-87153-84-9 73910

이 도서의 국립중앙도서관 출판예정도서목록(CIP)은 서지정보유통지원시스템 홈페이지(http://seoji.nl.go.kr)와 국가자료종합목록 구축시스템(http://kolis-net.nl.go.kr)에서 이용하실 수 있습니다. (CIP제어번호: CIP2020039579)

※ 값은 뒤표지에 있습니다. 잘못된 책은 바꾸어 드립니다.

우리가 기억해야 할
역사의 순간

기억록

김시은 글 · 이은주 그림

엠앤키즈

* 이 책은 여러 역사 자료를 참고하여 우리 역사에서 중요한 장면들을 재구성하였습니다. 주요 인물과 사건에 대한 내용은 사실을 기반으로 하였지만 연관 인물은 시대적 배경의 이해를 돕기 위해 가상으로 설정한 부분도 있습니다.

머리말

잊지 말아야 하는 일들과 꼭 기억해야 하는 사람들

한반도에 국가가 세워진 이래, 우리 민족은 수많은 외세의 침략에도 불구하고 높은 민족적 자긍심과 단결력으로 자랑할 만한 문화를 꽃피우며 계속 발전해 왔어요. 하지만 암울했던 시절도 있어요. 일본 제국주의의 식민지가 되어 주권을 빼앗기고 민족정신, 한국어까지 말살될 뻔한 일제 강점기가 35년이나 이어졌죠.

《기억록: 우리가 기억해야 할 역사의 순간》은 그 긴 세월 동안 일본 제국주의의 총칼에 맞서 우리나라의 독립을 위해 애썼던 수많은 사람들을 기억하기 위해 쓴 책이에요. 여러분은 우리나라의 독립을 위해 애쓴 독립운동가들을 많이 알고 있다고 생각하겠지만, 사실은 많이 모르고 있어요. 드러나게 활동한 사람도 있지만 뒤에서 묵묵히 힘을 보탠 사람도 많거든요.

 우리나라를 식민지로 만들어 버린 일본인과 일본 군인들에게 복수를 한 사람도 있고, 우리의 독립 정신이 꺾이지 않았음을 보여 주기 위해 일본 경찰서에 폭탄을 던진 사람도 있어요. 우리가 한민족임을 잊지 않기 위해 일본의 눈을 피해 우리말과 글, 우리 역사를 학생들에게 가르친 선생님도 있고요, 우리나라의 미래를 위해 어린이 인권 운동을 펼친 사람도 있어요. 머나먼 외국으로 가 우리의 독립 의지를 세계에 알린 사람도 있고, 한 푼 두 푼 모은 돈을 대한민국 임시 정부에 보내 힘을 보탠 사람들도 있어요.

 우리는 이 사람들의 이름 하나하나를 기억할 수는 없더라도, 이런 사람들 덕에 대한민국의 역사가 지금까지 이어져 온 것을 잊지 말아야 해요.

 우리가 독립한 지도 벌써 70년이 훌쩍 넘었어요. 그사이 우리는 전쟁도 겪었고, 군부 독재 시기도 이겨 내고, 민주주의가 정착되어 지금은 평화를 누리며 살고 있어요.

 우리는 강한 힘에 눌려 괴롭힘을 당하는 것이 얼마나 힘든지 겪어서 알아요. 이 책을 읽으면 우리를 괴롭혔던 일본이 막 미워

질지도 몰라요. 하지만 그 괴로움을 기억해 다시 나라를 빼앗기는 일이 없도록 힘을 키우는 게 먼저예요. 그리고 우리가 키운 힘을 다른 나라를 괴롭히는 데 쓰는 일도 없었으면 해요. 힘들게 되찾은 나라인데 우리를 괴롭힌 제국주의 일본과 똑같아지면 안 되니까요. 어린이 여러분도 책에 나온 분들이 한 일들을 되새기고, 지금 누리는 평화를 오래 지키는 방법도 함께 생각해 보았으면 좋겠어요.

김시은

차례

머리말 • 5

그날 안중근 뒤에는 그 사람이 있었다 　최재형 × 안중근　 • 10

우리 모두의 선생님 　안창호 × 대성학교 학생　 • 18

오늘부터 우리는 독립군이다 　이상룡 × 임청각 노비　 • 26

일부러 손해 보고 사업하는 사람 　안희제 × 최준　 • 34

독립하는 날까지 내 두 발로 꿋꿋이 　김마리아 × 황애덕　 • 42

전 세계가 우리를 지켜보게 될 것이다 　김순애 × 함태영 목사　 • 50

우리 마음속의 영원한 언니 　유관순 × 동네 어른　 • 58

3월 1일, 내 운명이 바뀐 날 　박자혜 × 친구　 • 66

한국을 사랑한 파란 눈의 친구 　프랭크 스코필드 × 이갑성　 • 74

역사에는 민족의 혼이 담겨 있다 　신채호 × 의열단원　 • 82

기차에서 만난 특별한 인연 `정정화 × 기차 차장` • 90

기사를 쓰는 것이 독립운동이다 `최은희 × 여학생 팬` • 98

마지막 한 명까지 독립을 외친다 `홍범도 × 독립군 대원` • 106

스스로 살고, 생각하고, 깨달으라 `차미리사 × 덕성여대 학생` • 114

조선의 여성이 경고한다 `윤희순 × 이웃 중국인` • 122

어린이가 자라 나라의 일꾼이 된다 `방정환 × 어린이 독자` • 130

천 명에게 쫓겼지만 잡히지 않았다 `김상옥 × 일본 경찰` • 138

사람은 꿈을 이루기 위해 산다 `윤봉길 × 김구` • 146

하늘에서 7,000시간 `권기옥 × 사관생도` • 154

가장 행복한 나라를 만들기 위해 `김원봉 × 밀정` • 162

그날 안중근 뒤에는
그 사람이 있었다

최재형 X 안중근

　1909년 10월 어느 저녁, 연해주 남쪽 노보키예프스코예 마을의 골목을 한 남자가 바삐 걸었어요. 누군가 쫓아오는 것처럼 계속 두리번거리는 그 사람은 바로 안중근이었어요. 골목 끝 한 집에 도착한 안중근은 미리 정한 암호대로 문을 두드렸어요.
　똑똑똑. 똑똑. 똑똑. 똑똑똑.
　긴장의 순간이 잠시 흐른 뒤, 이윽고 문이 열렸어요.
　"안 동지, 어서 오시오!"
　"뻬치카 선생님!"
　안중근은 문을 열어 준 사람을 보고 안도의 한숨을 내쉬었어요. 뻬치카는 러시아에 있는 우리 동포들을 따뜻하게 돌보는 최재형의 별명이었어요. 러시아의 추운 겨울을 따뜻하게 데우는 난로 뻬치카처럼 최재형도 마음이 따뜻해 그런 별명이 붙었지요.

"안 동지, 권총을 구해 놨어요. 내일부터 총이 손에 익도록 연습을 해 봐요. 그자는 예정대로 러시아에 올 거라고 합니다. 어떻게 그자를 처단할지 머리를 맞대고 작전을 짜 봐요. 우덕순 동지와 조도선 동지도 함께하기로 했어요."

최재형이 말한 '그자'는 이토 히로부미였어요. 이토 히로부미가 러시아에 온다는 정보를 알아낸 것도 최재형이었어요.

원래 안중근은 평화주의자였지만 이토 히로부미를 처단하는 데는 주저하지 않았어요. 이토 히로부미는 대한제국의 주권을 빼앗는 데 가장 앞장선 사람이고, 다른 이웃 나라의 평화마저 해치는 사람이라 어쩔 수 없었어요.

며칠 뒤 안중근은 하얼빈 역에서 이토 히로부미가 탄 기차를 기다렸어요.

"25일 아침 도착."

연락책인 유동하가 보낸 전보에는 어느 역인지 확실하지 않았

어요. 그래서 만일을 대비해 우덕순과 조도선은 차이자거우에서 기다리고 안중근은 하얼빈 역에서 기다렸어요.

기적 소리와 함께 기차가 역으로 천천히 들어왔어요. 안중근은 권총을 꼭 쥔 채 한 곳을 노려보았어요.

이윽고 열차 문이 열리고, 작달막한 키의 동양인이 열차에서 내렸어요. 이토 히로부미였어요.

"코리아 우레! 대한 독립 만세!."

안중근은 크게 외치며 방아쇠를 당겼어요.

탕! 탕탕!

총소리가 울리고, 이토 히로부미가 쓰러졌어요.

술렁이던 군중들 속에서 안중근이 일본 경찰에게 붙잡히던 순간, 최재형의 집에 있는 전화가 울렸어요.

"쓰러뜨렸습니다."

뻬치카 선생 최재형

출생 – 사망 1860 – 1920년

최재형이 먼 타국 러시아로 건너온 것은 가난 때문이었어요. 나라는 점점 어지러워지고, 몇 년째 흉년은 계속되었어요. 어떻게든 살아 보려던 사람들은 농사지을 땅을 얻으려고 두만강을 건너 만주와 러시아로 옮겨 갔어요.

최재형의 가족도 그렇게 러시아로 이민을 가게 되었지요. 하지만 남의 땅에 정착하는 건 생각처럼 쉽지 않았어요. 돈도 없고, 집도 없었으니까요.

어린 나이에 가족과 떨어져 혼자 지내기도 했던 최재형은 장사도 잘했고, 러시아 사람들과도 잘 지내서 일찍부터 성공했어요. 러시아인으로 귀화(국적을 바꿈)한 뒤에는 지방 관리가 되기도 했어요. 모스크바에 가서 직접 황제도 만나고 올 정도였지요.

최재형은 성공해서 부유하게 잘살았지만 남의 나라에 와서 자리 잡고 사는 것이 얼마나 힘든지 누구보다 잘 알았어요. 그래서 동포들을 모른 척하지 않고 도와주기 위해 힘썼어요. 한인들이 모여 사는 마을에는 어린이들을 가르칠 한인 학교도 세웠지요. '뻬치카'라는 별명이 왜 생겼는지 알겠지요?

하지만 최재형이 '뻬치카 선생'으로만 알려진 것은 겉으로 드러난 모습일 뿐이에요. 가난을 이겨 내려고 조국을 떠났지만 조국에 대한 그리움, 조국을 지켜야 한다는 마음을 품고 일생을 바친 사람이거든요.

1907년, 힘이 더 약해진 대한제국은 군대까지 해산당했어요. 나라를 지키는 군대가 없는 나라가 된 거지요. 이때 군인 출신들을 비롯해 많은 사람들이 중국 만주나 러시아 연해주로 가서 나라를 되찾기 위해 의병을 조직했어요.

최재형은 의병 활동을 지원하기 위해 러시아까지 온 사람들을 자주 만났지요. 이때 만난 사람들 중에 우리가 잘 아는 안중근 의사도 있었어요.

안중근이 하얼빈 역에서 이토 히로부미를 쏘았을 때에도 그 뒤에는 최재형이 있었어요. 안중근은 재판에서 이토 히로부미를 쏜 것은 독립군 참모중장으로서 혼자 한 일이라고 계속 말했어요. 최재형이 가담한 사실은 감추어야 했어요.

사실 최재형은 안중근이 잡힐 때를 대비해 재판을 도울 변호사까지 구해 두었어요. 러시아가 아니라 일본 법정에서 재판을 해서 다 물거품이 되었지만요.

최재형은 그 뒤에도 독립운동을 계속하다 러시아까지 쫓아온 일본군에게 죽임을 당했어요.

안중근

최재형

우리 모두의 선생님

안창호 ✕ 대성학교 학생

우리 선생님 자랑 좀 할까요? 도산 안창호 선생님은 나한테는 부모님이나 다름없어요. 내가 열세 살에 부모님을 모두 잃었거든요. 아버지는 군인이었는데, 어느 날 나라를 지켜야 한다며 집을 나가셨어요. 나중에 선생님이 알려 주셨는데, 우리 아버지는 의병이 된 거래요. 하지만 살아 계신지 돌아가신지도 모르겠어요.

"아버지 떠나신 바람에 어머니까지 잃었다고 원망하지 마라. 아버지는 너 좋은 세상에서 살라고 좋은 일 하러 떠나신 게다."

솔직히 어머니마저 병으로 잃고 고아가 되니깐, 아버지가 원망스럽더라고요. 하지만 선생님 말씀에 스르르 마음이 풀렸어요.

아참, 선생님 자랑을 하고 있었는데! 그러니까 내가 완전히 고아가 되었잖아요. 살던 집에서도 쫓겨나서 그냥 거지꼴로 떠돌았어요. 평양에는 외가가 있대서 물어물어 왔어요.

그날은 평양에 도착한 날이었어요. 겨우 도착해서 외할아버지 집을 물었더니, 글쎄 이사를 갔다는 거예요. 아버지가 갔다는 그 만주로요. 다리에 힘이 풀렸어요. 주저앉아서 한숨을 푹푹 쉬는데, 웬 신사 양반이 내 머리에 손을 올리는 거예요. 바로 도산 안

창호 선생님이었어요.

"얘, 너 괜찮으냐?"

도산 선생님은 내가 무슨 사정으로 길거리에 앉아 있는지, 행색이 왜 그런지, 부모는 어디 있는지 하나도 물어보지 않았어요.

"나 따라가련? 내가 학교에 넣어 주마."

그날이 내가 처음 도산 선생님을 만난 날이고, 대성학교 학생이 된 날이지요. 대성학교는 도산 선생님이 세운 학교였어요. 훌륭한 선생님도 많았지요.

"내가 딱 너만 할 때 무턱대고 집을 나가 서울을 헤맨 적이 있었지. 하지만 어린아이는 잘 먹고, 잘 배우고, 열심히 실력을 키우는 게 할 일이란다."

도산 선생님은 나라를 잃었으니까 그럴수록 더 많이 배워야 한다고 했어요.

"나라 잃었다고 실망할 게 아니라 더 배우고 익혀서 되찾아야 하지. 우리는 슬기롭게 나라를 지켜온 민족이니 반드시 나라를 되찾을 수 있을 거란다."

나는 대성학교에서 역사도 배우고, 국어도 배우고, 영어도 배워

요. 다 재미있고 신나는데, 교실 밖에 나가 체육을 하는 것이 훨씬 더 재미나요. 체육 시간에 곤봉 들고 체조도 하고, 고함도 지르고 그러는데, 그게 나한테 딱 맞는 것 같아요.

"답답한 마음도 뻥 뚫리는 것 같아."

가만히 있으면 어머니 생각, 아버지 생각 다 나는데, 체육 시간에는 그럴 틈이 없거든요. 아무래도 아버지가 군인이니까, 그런 기질을 물려받았나 봐요.

"열심히 배우고 졸업하면 아버지 계신 만주까지 찾아갈 수 있지 않겠니?"

맞아요. 나도 열심히 배우고 익혀서 도산 선생님처럼, 우리 아버지처럼 나라 찾는 데 꼭 힘을 보태겠어요.

민족의 스승 안창호
출생-사망 1878-1938년

　도산 안창호는 옳은 것을 배우고, 배운 것을 실천하는 것이 중요하다고 생각했어요. 멀리 미국까지 간 것도 앞선 교육을 공부해서 교육 전문가가 되고 싶었기 때문이에요.

　미국에 간 안창호는 먼저 이민 온 한인들이 힘들게 일하면서도 서로 다투는 일이 많아 미국인들에게 웃음거리가 되는 것을 보았어요. 안타까웠던 안창호는 한인회를 만들었어요.

　"우리는 한 민족이니 싸우지 말고 단결해야 합니다."

　처음에는 시큰둥했던 한인들도 나중에는 안창호의 진심을 알고 함께 힘을 합쳤지요.

　한반도는 지구 반대편에 있었지만 미국에서도 조국의 소식을 전해 들을 수 있었어요.

"일본이 러시아와 치른 전쟁에서 이긴 뒤, 대한제국을 힘으로 위협해 식민지로 만들려고 한답니다."

이 소식을 들은 안창호는 미국에서 한인들과 함께 '공립협회'를 만들어 국권 회복 운동에 나섰어요. 그러다 1905년 11월에 대한제국이 강제로 일본과 을사늑약을 맺어 외교권을 빼앗겼다는 소식이 들려왔어요.

"일본이 대한제국을 식민지로 만들려고 작정하였구나."

안창호와 공립협회 회원들은 나라를 되찾기 위해 미국에 있는 한인을 중심으로 하여 전 세계 한인들과 힘을 합쳤어요.

1907년 2월에는 고국으로 귀국해서 양기탁, 이동녕, 이동휘 등과 '신민회'를 만들었어요.

"나라의 힘을 되찾아 새로운 자유 독립국을 세우는 것이 우리 신민회의 목표요."

신민회는 비밀리에 운영되었어요. 회원끼리도

신민회가 세운 대성학교

두 명 이상은 알 수 없었다고 해요. 일본의 밀정이 침투하는 것을 막기 위해 가입 절차도 매우 까다로웠어요.

오산학교, 대성학교 등을 설립해 학생들을 가르친 것도 신민회였지만 겉으로는 드러나지 않았지요. 대성학교는 시설도 훌륭하고, 좋은 선생님들이 모여 있어 입학하고 싶은 학생들이 줄을 섰다고 해요.

신민회는 학생들을 가르치는 교육 사업 외에도 독립 의식을 일깨우는 잡지, 책 등을 출판하고, 민족 자본을 키우기 위해 회사를 세우는 등 많은 일을 했어요.

그러다 1909년에 러시아 하얼빈 역에서 안중근 의사가 이토 히로부미를 저격하는 사건이 일어났어요.

"안창호도 관련되어 있을 거야."

일본은 국내에 들어온 안창호가 이 일에 관련되었다는 혐의로 체포했어요. 3개월 만에 풀려난 안창호는 중국을 거쳐 미국으로 망명했고, 미국과 중국을 오가며 계속해서 독립운동을 했지요.

안창호

오늘부터 우리는 독립군이다

이상룡 ✕ 임청각 노비

나는요, 안동에서 '임청각'이라고 하면 다 아는 그런 대단한 집에 살았어요. 99칸 되는 으리으리한 큰 집이고, 조상 중에는 정승도 있고 판서도 있는 집안이에요. 또 조선을 세운 개국공신이 조상이에요. 고성 이씨 하면 알아주는 명문가라고도 해요.

하지만 나는 고성 이씨도 아니고, 이 집 자손도 아니에요.

나는 임청각의 노비였어요. 저기 서울 궁궐에는 임금님이랑 왕족도 있고, 벼슬하는 양반님들도 있고, 농사짓는 양민도 있지만, 나는 양반 집에서 종살이하는 노비였다는 말입니다. 하지만 노비였어도 임청각의 노비여서 자랑스러웠어요.

옛날 옛날에 세조가 조카인 단종에게서 왕위를 빼앗자 그것에 반대한 이 댁 조상이 벼슬을 버리고 안동으로 내려와 살게 된 것이 임청각의 시작이에요. 지금 이 집의 주인인 석주 이상룡 선생도 벼슬에 나가는 것을 단념하고 평생 공부만 하셨어요.

하루는 책만 보던 분이 얼굴이 벌겋게 되어 크게 화를 냈어요.

"아니, 어떻게 한 나라의 황후를 궁궐까지 들어가 살해할 수 있단 말인가?"

명성 황후가 일본이 보낸 자객들에게 시해당하자 석주 선생은

외삼촌을 도와 의병 활동을 하기 시작했지요. 외삼촌 권세연 선생이 '안동의진'의 의병장이었거든요.

이때 나는 아직 어렸지만 똘똘하고 발이 날래다고 석주 선생의 편지 심부름을 많이 했어요. 처음에는 무슨 일인지도 모르고 시키는 일만 했지만 곧 알게 되었어요. 내가 하는 일이 위태로운 나라를 돕는 일이라는 것을요.

안동의진은 처음에는 안동 관찰부를 점령하고 관찰사를 쫓아냈지만 막상 일본군과 싸울 때는 크게 졌어요. 일본군은 최신 무기를 가진 군대였지만, 안동의진은 모인 지 얼마 되지 않고 변변한 무기도 없었으니까요.

석주 선생은 의병들을 설득해 우선은 해산하고 다음 기회를 보자고 했어요.

그러다 1905년 일본에 강제로 외교권을 빼앗겼다는 소식이 들려오자 석주 선생은 큰 슬픔에 잠겼지요.

"마음만으로는 남의 나라를 빼앗으려고 오래 준비한 적을 이길 수 없구나."

석주 선생은 그래도 낙담하지 않고, 학교를 세워 젊은이들을 가르치고, 독립 의식을 일깨우는 운동을 계속했어요.

그러던 어느 날, 외출했다 돌아와서는 노비 문서를 꺼내 모두 태웠어요. 그리고 어리둥절한 우리에게 말씀하셨지요.

"이제 임청각에 노비는 없다. 모두 자유다. 돈을 얼마씩 줄 테니, 여기 남아서 조선 땅을 지켜도 좋고, 나를 따라 함께 나서도 좋다. 우리는 오늘부터 모두 독립군이 되는 것이다."

이제는 노비가 아니라니, 상상도 못 한 일이었어요. 나는 결혼도 했고, 자식도 있었어요. 이제 자식에게 노비 신분을 물려주지 않아도 되었어요. 하지만 나는 석주 선생을 따르기로 마음먹었어요.

"저는 나으리를 따르겠습니다. 나라를 빼앗긴 마당에 노비든 주인이든 다 똑같잖아요. 나으리를 따라 독립군이 될 겁니다."

나처럼 생각하는 노비들이 많았어요. 석주 선생을 따라 나라의 독립에 힘을 보태기로 했지요. 우리 자식들은 떳떳하게 우리나라에서 살아야 하니까요.

임청각의 주인 이상룡

출생-사망 1858-1932년

　석주 이상룡은 의병 활동이 좌절된 뒤에도 단념하지 않고 가야산에 군사 기지를 만들어 의병 활동을 계속하려고 했어요. 처음 의병을 모았을 때 제대로 된 훈련 없이 일본군과 싸워 실패했다고 생각했기 때문이지요.

　그런데 이번에는 동지들을 배신하고 일본에 밀고한 사람 때문에 가야산 의병 기지가 습격당하고 말았어요.

　그 뒤 이상룡은 서울에서 설립된 대한협회의 안동지회를 결성한 뒤 시국 강연을 열어 청년들의 독립 의식을 일깨우려고 노력했어요. 하지만 1910년 한일 병합 조약 이후 대한협회는 강제로 해산을 당했지요.

　"신민회가 나라 밖에 독립운동 기지를 세운다고 합니다. 아무래

이상룡

도 나라 안에서는 일본의 감시 때문에 활동하기 힘드니까요."

이상룡은 이 소식을 듣고 자기도 당장 참여하기로 했어요. 그래서 집안 재산을 정리하고, 노비들을 모두 풀어준 뒤, 가족들을 이끌고 안동을 떠나 간도로 갔어요.

간도에는 먼저 온 사람들이 있었어요. 서울에서 명문가로 꼽히는 이회영 형제들도 와 있었어요. 이회영 형제는 모두 일곱 형제였는데, 그 가운데 여섯 형제의 가족 50여 명이 함께 간도로 왔답니다.

간도에 모인 사람들은 낯선 땅에서 힘을 합쳐 생활했어요. 우선 경학사라는 자치 단체를 세워 한인들이 살아갈 터전을 마련하고, 신흥 강습소를 설립했지요. 신흥 강습소는 독립군을 키우는 무관 학교였어요. 일본에 대적해 독립을 하려면 교육에 힘쓰고, 군대를 키워야 한다고 생각했거든요.

그리고 마침내 군사 기구인 군정부를 설립했어요. 힘을 키워 일본군에 맞서려던 이상룡의 꿈이 이뤄진 것이지요.

  그 뒤 상하이에 대한민국 임시 정부가 수립되자, 임시 정부에 힘을 실어 주기 위해 군정부는 임시 정부의 '서로 군정서'로 이름을 바꾸었어요. 이때 만주와 간도에는 각 지역마다 독립군 단체가 있었는데, 이상룡은 이들을 하나로 통합하는 데 힘썼어요.

  대한민국 임시 정부의 수장인 국무령을 지내기도 했던 이상룡은 1932년 병으로 세상을 떠났답니다.

일부러 손해 보고 사업하는 사람

안희제 ✕ 최준

나는 백산무역 주식회사 사장 최준입니다. 부산에 있는 백산상회를 국제 무역을 하는 큰 회사로 키워 운영하고 있지요.

경상도에서 '경주 최부잣집'이라고 하면 모르는 사람들이 없는데, 내가 바로 그 최부잣집의 주인입니다.

오랫동안 우리 집안에는 이어져 내려오는 규칙이 있습니다.

"만 석 이상의 재산은 모으지 말 것. 흉년에는 남의 논밭을 사들이지 말 것. 사방 100리 안에 굶어 죽는 사람이 없게 할 것."

바로 이 세 가지이지요. 우리 집 대문 앞에 쌀통을 두어서 누구든 쌀을 한 줌씩 가져갈 수 있게 한 것도 그 때문입니다.

아무튼 나는 어마어마한 집안 재산을 관리하는 그냥 '부자'였습니다. 그런데 나한테는 안희제라는 친구가 있습니다. 어느 날 안희제가 나를 찾아와 말했습니다.

"이보게, 나랑 함께 사업을 한번 해 보지 않겠나?"

뜬금없는 소리에 나는 고개를 갸웃했습니다. 사실 경주에서 제일가는 부자인 나에게 사업을 하자고 오는 사람이 한둘이겠습니까? 하지만 나는 집안 규칙도 있고 해서 함부로 아무 사업이나 하지는 않았어요. 하지만 안희제가 하자고 한 이 사업에는 함께하기로 했습니다. 아니, 꼭 같이하고 싶었다고 할까요?

"이 사업은 회사가 망하는 사업이네. 회사는 망해도 우리는 흥하는 사업이기도 하고. 돈은 밑지지만 공은 쌓이는 사업이지."

우리는 회사를 준비하면서 대구, 안동, 경주 등 경상도 지역에 소문을 냈어요. 최부잣집의 최준이 회사를 차리고 사업을 시작한다고요. 그랬더니 부자들이 서로 투자를 하겠다고 찾아왔지요.

보통 장사라는 것은 물건을 팔아 이득을 내는 것이 기본이지

요. 무역이란 이 장사를 다른 나라와 하는 것이고요. 백산무역 주식회사도 평범한 무역 회사입니다. 다른 점이 있다면 자꾸만 손해가 난다는 점이지요.

우리는 장부를 속였습니다. 100원의 투자금이 있으면 물건을 100원어치 샀다고 쓰고, 사실은 30원어치만 사는 식이었어요. 나머지 70원은 상하이에 있는 대한민국 임시 정부에 독립 자금으로

보냈습니다. 그리고 장부에는 '손실이 생겼다'라고만 기록했지요.

회사에 손실이 생기니까 돈을 투자한 부자들은 어떻게든 이윤을 내기 위해 돈을 더 투자했어요. 물론 나도 투자자니까 내 돈을 더 내놓아야 했습니다. 그러면 그 돈을 우리는 또 임시 정부에 보냈지요. 이런 식이니까 회사에 돈이 모일 수가 없을 수밖에요.

우리는 손해를 보는 것을 목표로 회사를 세웠고, 아직까지 꽤 성공적으로 목표를 달성하고 있습니다. 백산이 말한 그대로였지요. 아마도 회사는 곧 망할 겁니다. 하지만 임시 정부의 독립 자금으로 쓰였으니, 회사는 망해도 우리 민족은 흥할 것입니다. 투자자들도 나중에는 우리한테 고마워해야 할 거예요. 대한민국의 독립에 다들 한몫을 하게 된 셈이니까요.

대한 독립의 숨은 영웅 안희제

출생-사망 1885-1943년

　백산 안희제는 나라가 어지럽던 대한제국 때부터 학생들을 모아 교육하며 나라의 독립을 위해 애를 썼어요. 하지만 1910년 한일 병합 조약으로 일본의 식민지가 되자 안희제는 만주로 망명하여 본격적으로 독립운동을 하였지요. 한참 동안 만주와 러시아에서 활동하던 안희제는 부산으로 돌아와 백산상회를 세웠어요.

　1910년 이후, 많은 독립운동가들이 중국, 러시아 등 나라 밖에서 독립운동을 시작했어요.

　"일본의 감시는 피했지만 나라 안 사정을 모르니 답답하구나."

　나라 밖 독립운동가들을 위해 두 팔 걷고 나선 사람이 바로 안희제였어요. 안희제가 운영하는 백산상회가 독립운동 자금을 보내고, 비밀 연락망을 세워 나라 밖 독립운동가들과 소식을 주고받기 위해 세워진 회사였어요.

　백산상회를 더 키워 백산무역 주식회사를 세울 때 안희제, 최준, 윤현태가 모은 돈은 100만 원이었어요. 지금 돈 가치로 치면 340억 원이 넘는 큰돈이에요. 이렇게 큰돈으로 차린 회사였지만 손해가 커서 경상도 지역 부자들에게 투자를 더 받았지요. 서울, 대구, 하동, 인천, 원산에 백산무역 주식회사의 지점이 있었고, 나라 밖에도 지점이 있었어요.

　백산무역 주식회사는 사업 거래라고 하면서 자유롭게 나라 안팎을 다니며 독립운동가들을 만나고, 돈을 전달했지요.

　1928년, 백산무역 주식회사는 문을 닫았어요. 회사가 계속 손해만 보면서 운영될 수는 없는 데다, 자꾸만 손해를 보고 빚을 지는 이 회사를 일본 경찰이 의심하기 시작했거든요.

안희제

　안희제는 젊은이들에게 장학금을 주어 유학을 보내기도 하고, 〈중외일보〉 사장이 되어 신문사를 운영하기도 했어요. 〈중외일보〉가 문을 닫은 뒤에는 만주로 옮겨 가 독립운동을 계속했지요. 하지만 나라의 독립을 보지 못하고, 1938년에 눈을 감았어요.

안희제가 태어난 생가

함께 백산무역 주식회사를 운영한 최준은 독립의 기쁨을 맛볼 수 있었어요. 1945년 8월 15일에 우리나라가 독립을 하고, 중국에 있던 대한민국 임시 정부 김구 주석이 돌아와 최준을 만났는데, 그때 이렇게 말했대요.

"상하이 임시 정부와 만주 독립운동 자금의 60퍼센트를 안희제가 보냈습니다."

독립하는 날까지
내 두 발로 꿋꿋이

김마리아 ✕ 황애덕

마리아, 나 에스더야, 황에스더!

귀국했다는 소식을 듣고 얼마나 기뻤는지 몰라.

신학 공부를 무사히 마친 것도 정말 다행이야. 공부할 시간도 부족한데, 우리는 일해서 학비를 벌어야 했잖아.

"여자아이는 글을 가르칠 필요가 없다."

이런 말이 흔하던 때인데, 이 땅에 여자로 태어나 학교를 다닐 수 있었던 것이 얼마나 다행인지 너랑 나는 알지.

미국에서 대학을 다니고 학위를 받으면서도 우리는 온 마음이 고국을 향해 있었지? 늦게라도 마리아 네가 돌아와서 조선의 학생들은 훌륭한 선생을 얻었고, 우리는 독립운동 동지를 만나게 되었어. 그런데 한편으로는 이런 생각도 들었어.

'도서관에 일자리도 얻었으니, 그냥 미국에서 잘살 수 있지 않을까?'

아니야, 미국에서라도 마리아 너는 계속해서 독립운동을 했을 게 틀림없어.

"나는 대한의 독립과 결혼했다."

늘 이렇게 얘기했잖아. 그렇지만 적어도 미국에 남았다면 감옥에 갇힐 일도 없었을 텐데…….

조선 총독부가 너한테 미국에서 돌아오지 말라고 했다며?

"원산에서 한 발짝도 나오지 않는다면 귀국하게 해 주겠다."

이런 조건을 걸었다는 말을 듣고는 정말 많이 웃었어. 역시 김

마리아가 무섭긴 무서운 게지.

우리 도쿄에서 유학할 때 기억나? 유학생들끼리 도쿄 시내 한복판에서 대한 독립 만세를 외치다 경찰에 끌려갔잖아. 고국으로 돌아와서는 도쿄에서 만났던 유학생들에게 '독립 선언문'을 전했지.

"기모노에 독립 선언문 뭉치를 숨기면 일본 헌병들을 감쪽같이

속일 수 있을 거야."

기발한 생각이었지. 일본 헌병들이 전혀 눈치채지 못했잖아.

마리아, 몸 아픈 것은 좀 괜찮아? 3월에 만세 운동을 하고 똑같이 잡혀 들어갔는데, 일본 경찰은 강인한 정신력을 가진 너를 두려워해서 더욱 심하게 고문했잖아. 그 심한 고문을 당하고도 또 상하이까지 가서 독립운동을 할 줄은 몰랐을걸.

나는 지금 남편과 함께 하얼빈에 있어. 일본인이 하는 농장에서 일하며 밤에는 동포들에게 글을 가르쳐. 우리가 왜 독립해야 하는지도 알려 주고.

너는 너대로, 나는 나대로 우리가 있는 곳에서 할 수 있는 노력을 다하자. 우리 모두가 노력하면 독립하는 날이 곧 올 거야. 그날에는 우리도 다시 만날 수 있겠지.

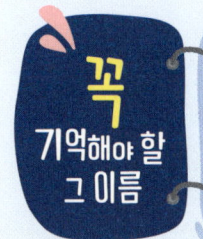

독립운동가들의 누나 김마리아

출생-사망 1892-1944년

1919년 2월 8일, 일본 도쿄에서는 조선 유학생들이 모여 독립 선언서를 낭독했어요.

"조선이 독립국이고 조선인이 자주민임을 선언하노라."

"최후의 1인까지 최후의 순간까지 민족의 정당한 의사를 쾌히 발표하라."

"대한 독립 만세!"

길에 나선 학생들은 만세를 불렀고, 일본 경찰들은 유학생들에게 해산하라고 했지만 학생들은 듣지 않았어요. 많은 학생들이 체포되었지만 유학생들은 2월 한 달 내내 만세 운동을 벌였지요.

한편 학생들은 고국에서도 만세 운동을 일으키기 위해 고국으로 향했어요. 제1차 세계 대전이 끝나고 미국의 윌슨 대통령이 민

미국 파크대학 졸업 당시 김마리아

족 자결주의를 주장했으니 우리나라도 독립 의지를 세계에 보여야 했지요.

졸업을 앞두었던 김마리아도 독립 선언문을 베낀 뒤 일본인으로 변장하기 위해 입은 기모노에 숨겨 고국으로 돌아왔어요. 그리고 대구, 광주 등을 다니며 독립 선언문을 나누어 주었지요. 서울에서는 모교인 정신여학교와 이화학당을 찾아가 교사와 학생들에게 만세 운동에 참여할 것을 요청했지요.

3월 1일, 마침내 독립 만세 운동이 일어났어요. 일본 경찰은 만세 운동에 가담했다는 이유로 김마리아를 체포해 가두었어요. 그리고 말로 하지 못할 잔인한 고문을 했어요. 이때 받은 고문으로 김마리아는 건강이 몹시 나빠져 평생 고생했다고 해요.

감옥에서 풀려 나온 뒤 김마리아는 정신여학교에서 교사로 일하면서 '대한 애국 부인회'를 결성했어요. 감옥에 있는 독립운동가들과 가족을 보호하는 일을 하기 위해서였지요. 이렇게 알게 모르게 독립운동가들을 도와 '독립운동가들의 누나'라고도 불렸지요.

김마리아는 이 일로 또다시 체포되었지만 그전에 받은 고문 후유증이 심해 병보석으로 풀려났어요. 병원에서 치료를 받던 김마리아는 일본 경찰 몰래 빠져나와 상하이에 있는 대한민국 임시 정부로 탈출했다고 해요.

김마리아에게 편지를 쓴 황에스더의 본명은 황애덕이에요. 황애덕은 김마리아의 둘도 없는 동지였어요. 김마리아와 함께 3·1 운동 가담 혐의로 체포되었다가 풀려난 뒤 대한 애국 부인회를 조직하고, 독립 자금을 모아 상하이에 있는 대한민국 임시 정부에 보내기도 했어요.

전 세계가 우리를 지켜보게 될 것이다

김순애 X 함태영 목사

"또각또각또각!"

아까부터 누군가가 계속 뒤를 밟았어요. 슬며시 돌아보니 젊은 여자 같았어요.

'왜 나를 쫓는 것일까? 저 앞 골목으로 들어가 보면 알겠지.'

다행히 골목으로는 따라오지 않았어요. 가슴을 쓸어내리고 걸음을 다시 떼려는데, 미행하던 사람이 골목으로 후다닥 들어와 빠르게 속삭였어요.

"함태영 목사님! 세브란스 의사 김필순을 아시죠? 저예요. 김순애. 김필순이 제 오빠예요."

나는 깜짝 놀랐어요. 세브란스에서 유능한 의사였고, 신민회 회원이었던 김필순을 모를 리 있나요. 그리고 정신여학교를 나와 부산에서 소학교 교사를 하던 김순애도 잘 알았어요.

"아, 김순애 선생이군요! 미안해요. 요즘 일본 경찰 감시가 심해요. 당신은 학생들한테 우리 역사를 가르치다 발각돼 중국으로 갔다고 들었는데, 무슨 일로 경성에 들어온 거예요? 아, 이 근처에 내 집이 있으니 그리로 가서 얘기합시다."

집에 들어선 김순애 선생은 1초도 아깝다는 듯 빠르게 말했어요. 제1차 세계 대전이 끝나고 미국의 윌슨 대통령이 모든 식민지는 자유롭게 미래를 결정할 수 있는 자결권을 가져야 한다고 주장했다고 해요.

"파리에서 강화(평화) 회의가 열린다는 사실을 아시죠? 거기에 우리의 대표를 보내기로 했어요. 전 세계에 대한민국이 독립을 원한다는 사실을 알려야 해요."

"파리에 대표단을 보낸다니, 참으로 멋진 생각입니다. 그런데 누구를 보낸답니까?"

"제 남편이에요."

김순애 선생의 남편이라면 김규식 선생이었어요. 김규식 선생은 미국에서 공부해 영어와 프랑스어, 독일어와 라틴어까지 다 했으니, 우리 뜻을 분명하게 잘 전달하리라 생각했어요.

"목사님, 우리도 국내에서, 내 땅에서 독립 의지를 보여 줘야 해요. 독립 선언을 하고, 온 나라 백성이 참여한 시위를 일으켜야 세계가 우리를 지켜보게 될 거예요."

나는 고개를 끄덕였어요.

"안 그래도 우리도 준비를 하고 있었어요. 얼마 전에 황제께서 승하하셨잖아요. 3월 1일 장례일에 사람들이 많이 모일 테니 그날로 정했어요."

모두 다 한마음이었어요. 고국에 있든 외국에 있든 독립을 바라는 마음은 다 똑같았던 것이죠.

"그러면 저도 서울에 남아서 독립 선언에 참여하겠어요."

김순애 선생이 몹시 반가워하며 말했어요.

"아닙니다. 선생은 상하이로 돌아가셔야 합니다. 여기 일은 우리한테 맡기세요. 김순애 선생이 여기 잡혀 있으면 안 돼요. 상하이로 돌아가서 그곳에서 할 일을 하세요."

김순애 선생을 배웅하며 우리가 다시 만날 수 있을지 잠시 생각했어요. 하지만 다시 볼 수 있든 없든 그것보다 우리에게는 중요한 일이 있었지요.

고귀한 헌신 김순애

출생-사망 1889-1976년

　김순애는 황해도 장연의 기독교 집안에서 태어났어요. 일찍부터 집안 어른들이 신문물에 깨인 덕분에 여자아이들도 모두 학교 교육을 시켰어요.

　김순애는 오빠 김윤방이 세운 소학교를 마치고 서울에서 정신여학교를 졸업했어요. 동생인 김필례, 큰오빠 김윤방의 딸 김마리아도 학교 교육을 받았어요.

　학교를 졸업한 뒤에는 부산에서 소학교 교사로 일했는데, 민족정신이 강했던 김순애는 남몰래 학생들에게 우리 역사와 지리를 가르쳤어요. 그것이 발각되어 일본 경찰에게 여러 번 단속을 당하자 위험을 느껴 오빠 김필순의 가족과 함께 1911년 중국으로 망명했지요.

김순애는 중국 난징에서 명덕여자학원을 다니고, 1919년에는 오빠 김필순의 친구인 김규식과 결혼해 상하이로 옮겨 갔어요. 그리고 상하이에 있던 독립운동가들과 함께 신한 청년단을 세웠지요.

신한 청년단을 대표해 남편 김규식이 파리 강화 회의에 파견되고, 김순애는 조국으로 파견되었어요.

김규식은 파리 강회 회의에서 대한민국이 일본에 강제로 병합된 사실과 우리 민족이 얼마나 독립을 원하는지 알리겠다는 막중한 임무를 갖고 떠났어요.

김순애는 국내에서 시위 운동을 벌여 눈과 귀를 모을 임무를 갖고 있었어요. 그렇게 해야만 파리에서 하는 활동이 더 주목받을 테니까요.

상하이를 출발해 부산에 도착한 김순애는 마침 도쿄에서 유학하다 들어온 조카 김마리아를 만났어요. 공교롭게도 김순애, 김마리아 모두 같은 일로 고국으로 돌아온 것이었어요. 바로 3월에 전국에서 만세 소리가 울려 퍼지게 하는 일이었지요.

3.1 만세 운동은 전국 방방곡곡에서 크게 일어났어요. 온 국

대한 애국 부인회 회원들(왼쪽에서 세 번째가 김순애)

민이 간절히 염원하던 일이었으니까요. 하지만 파리 강화 회의에서는 우리의 독립을 보장받을 수 없었어요. 일본이 제1차 세계 대전의 승전국이었고 민족 자결주의는 승전국 식민지에는 적용하지 않았기 때문이에요.

그러나 전 세계 사람들이 동양의 작은 나라에서 크게 울려 퍼진 만세 소리를 듣고, 독립을 원하는 우리 민족의 간절한 열망을 알게 되었답니다.

우리 마음속의 영원한 언니

유관순 ✕ 동네 어른

　우리 주인나리는 계집아이들에게 공부를 가르쳐서 무엇에 쓰냐고, 어차피 시집가면 남의 집 사람 되어 영영 보지도 못하는데, 뭣하러 돈 들여 가르치느냐고 늘 말했어요.

　그래서 주인나리의 딸도 글만 배우고 학교를 그만두게 했지요. 그런데 갑자기 웬 변덕이 생겼는지 어느 날 딸을 학교에 다시 보내겠다는 거예요. 이게 다 유관순이라는 여자아이 때문이에요.

　3월 어느 날, 웬 계집아이가 주인나리를 찾아왔지요. 열너댓 살이나 되었을까요?

　"어르신, 계십니까? 꼭 전해야 할 말씀이 있습니다."

　"뉘 집 딸이 날이 저물도록 밖에 다니는 게냐? 얼른 집에 가라."

주인나리가 다짜고짜 꾸짖었지만 계집아이는 주눅 들지 않고 할 말을 했어요.

"어르신, 저는 지령리 유중권의 둘째 딸 관순입니다."

유중권은 자식들을 계집아이까지 모두 교육을 시켜 유명한 사람이지요. 특히 둘째는 서울로 유학까지 보냈대요. 그렇게 영특하다던 둘째 딸이 갑자기 주인나리를 찾아온 것이었어요.

"그래, 서울로 공부하러 갔다는 그 아이구나. 지금 공부할 때

아니더냐? 어찌 여기 와 있는 게야?"

"어르신, 서울에는 만세 운동을 하고 난리가 났습니다. 황제 폐하 장례가 있던 1일에 독립 선언문을 낭독하고, 모두 만세를 불렀어요. 학교 문도 다 닫았어요. 그래서 우리는 각자 고향에서도 만세를 부르기로 했어요. 어르신, 음력 3월 1일, 그러니까 4월 1일 아우내 장터로 와 주세요. 다른 어르신들과 힘을 모아 주세요."

솔직히 사람들이 과연 모일까 싶었어요. 아니, 만세 조금 부른다고 독립이 될까 싶었지요.

"그래? 그날 내가 일이 있는데, 일 다 보면 한번 가 보마."

주인나리 생각도 나랑 같았을까요? 말은 이렇게 했지만 사실 주인나리는 아무 약속도 없었어요.

그날 나는 주인나리를 모시고 아우내 장터로 나갔어요. 마침 장날이라 사람이 많기는 했지만, 평소 장날보다 사람이 훨씬 많은 것 같더라고요. 긴장감이 감돌았어요. 그때 누군가 갑자기 외쳤어요.

"대한 독립 만세!"

그러자 연이어 사방에서 만세 소리가 터졌어요. 장터가 쩌렁쩌렁 울렸지요. 모두가 한목소리로 외쳤어요. 그 소리에 일본 경찰

들이 달려와 사람들을 때리고, 총을 쏘고 난리도 아니었지요.

"나리, 얼른 여기서 몸을 피하셔야 합니다."

나만 총소리에 겁을 먹은 것은 아니었어요. 주인나리도 얼굴색이 새파래졌지요. 나는 주인나리를 모시고 집으로 부랴부랴 돌아왔어요. 그리고 다음 날 들려온 소식은 아주 참담했어요. 많은 사람들이 죽고, 다치고, 잡혀 갔다고 해요.

"최 서방, 나는 너무나도 부끄럽네. 관순이 그 아이가 찾아왔을 때, 너처럼 어린 계집아이가 무엇을 할 것이냐 속으로 비웃었는데, 아니었어. 오늘 그 만세 소리를 자네도 들었는가?"

주인나리는 탄식을 했어요. 열일곱 먹은 아이보다 못하다고요. 사흘을 내내 그렇게 한숨을 쉬더니, 막내딸을 학교에 보냈어요.

"옆 마을에 아주 똑똑한 언니가 있었느니라. 공부 열심히 하면 너도 그 언니처럼 훌륭한 사람이 될 수 있단다."

주인나리는 대문을 나서는 막내딸에게 이렇게 말했어요.

옥 속에서도 대한 독립 만세
유관순
출생-사망 1902-1920년

   3.1 운동은 이름만 보면 3월 1일 딱 하루 동안 일어난 일 같지만 사실은 1919년 3월 1일에 시작해 4월, 5월까지 계속된 전국적인 만세 운동이었어요.

   1919년 3월 1일, 이화학당 학생이었던 열일곱 살 유관순은 몰래 학교를 빠져나가 만세 운동에 참여했어요. 고종 황제의 장례식이 있던 날이었지요. 유관순은 흰 옷을 입고 대한문 앞에서 조문을 한 뒤, 남대문으로 향하는 시위 행렬에 참여했어요.

   며칠 뒤 5일에는 학생들의 연합 시위가 벌어졌어요. 이날도 학교는 교문을 잠그고 학생들이 나가지 못하도록 막았지만 많은 학생들이 몰래 나가서 만세 운동에 참여했지요.

   일본 경찰은 당황했어요. 시위 현장을 덮치고, 학생들을 체포했는데도 자꾸만 만세 운동을 하니까요. 일본 경찰은 전국에 휴교령을 내렸어요. 학교 문을 닫고 수업을 하지 말라는 명령이었지요. 갈 곳이 없어진 학생들은 고향으로 돌아가 만세 운동을 전파하기로 했어요. 유관순도 그래서 고향으로 돌아왔지요.

고향에 돌아온 유관순은 아버지 유중권과 동네 어른들에게 서울에서 있었던 만세 운동 소식을 전하고, 숨겨 온 독립 선언서도 내놓았어요. 그리고 아우내 장터에서도 만세 운동을 할 것을 의논했지요.

유관순과 학교를 같이 다니던 사촌 언니 유예도는 만세 운동 때 쓸 태극기를 만들고, 유관순은 주변 마을을 돌면서 마을 어른들에게 만세 운동에 참여해 달라고 요청했지요.

그리고 4월 1일 장날 아우내 장터에 모두 모여 만세를 불렀어요. 달려 나온 일본 경찰은 사람들을 무자비하게 진압했어요. 이날 유관순은 아버지와 어머니를 잃고, 본인은 만세 운동 주모자로 체포되었지요.

유관순은 재판에서 3년 형을 받고, 서대문 형무소에 수감되었어요. 이미 재판을 받고 수감 중인데도 일본 경찰은 감옥에 갇힌 유관순을 끊임없이 고문했어요. 그렇게 온갖 고문을 당하면서도 유관순은 꿋꿋하게 버텼어요. 심지어 1920년 3월 1일에는 만세 운동 1주년을 기념

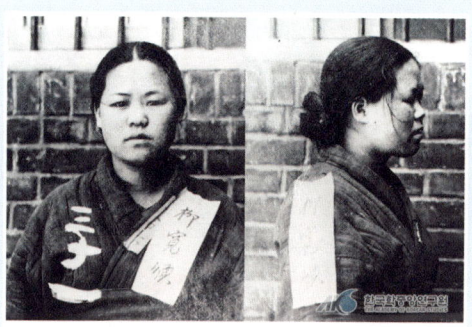
유관순(서대문 형무소에서 찍은 수형자 사진)

한다면서 옥중에서 또 만세 운동을 벌였지요.

이날 3,000여 명의 수감자들이 다 함께 만세를 외쳐서 그 소리가 감옥 바깥까지 퍼져 나갔어요. 형무소 주변으로 사람들이 몰려들어 전차가 다닐 수 없을 정도였대요.

이 일로 또다시 고문을 받은 유관순은 1920년 9월, 열여덟 살 어린 나이에 옥에서 숨을 거두었답니다.

3월 1일, 내 운명이 바뀐 날

박자혜 ✕ 친구

"도대체 무슨 일이 일어난 거지? 사람들이 왜 이렇게 많이 다쳐 오는 거야?"

그날 우리는 너무 놀랐어요. 피투성이가 된 사람들이 마구 몰려왔으니까요. 얼마나 환자들이 많았는지 산부인과 간호사인 우리까지 동원될 정도였어요. 밤이 깊어 상황이 진정된 후에야 종로에서 무슨 일이 일어났는지 알았어요.

"현동아, 오늘 종로랑 남대문에서 난리가 났었대. 사람들이 다 같이 만세를 불렀대."

박자혜와 나는 숨죽여 이야기를 나누었어요. 우리가 일하는 병원은 조선 총독부(일제 강점기에 조선인을 감독하던 식민 통치 기구)

병원이었으니까요.

"맞아. 나도 들었어. 총에 맞아 죽은 사람도 있대."

만세 운동을 계획하고 주도한 민족 대표들은 태화관에 모여서 독립 선언서를 낭독하고, 일본 경찰에 잡혀 갔대요. 원래는 파고다 공원에 모여 함께 만세를 부르려고 했는데, 민족 대표들이 있으면 학생들이 잡혀 갈까 봐 그랬다나 봐요.

이 소식을 들은 내 친구 박자혜는 며칠을 바쁘게 다녔어요.

"현동아, 우리도 만세 운동을 하자."

나는 좀 어리둥절했어요. 자혜와 나는 그런 일에 앞장서 본 적이 없기 때문이에요.

"우리가 지금은 총독부 병원에서 일하고 있지만, 우리가 독립하면 대한민국의 국립 병원에서 일할 수 있어. 원래 우리 병원 이름도 대한의원이었잖아. 우리가 모두 나서서 만세를 부르면 독립이 이루어질 수 있어."

자혜는 매우 확신에 차 있었어요. 자혜 말로는 5일에 만세 운동을 다시 하기로 했대요. 1일에 있었던 만세 운동에는 참여하지 못했지만 5일에는 우리 병원 간호사들이 함께 참여하자고 했어요.

"조선인 간호사들의 모임이니까 '간우회'라 하면 어때? 이 이름을 걸고 만세 운동에 함께 나가자."

자혜와 나는 궁에서 아기 나인일 때부터 단짝이었어요. 자혜와 모든 일을 함께했지요. 궁에서 나와 숙명여학교를 다니고, 함께 조산부 양성소에 들어가 간호사가 되었어요. 이번에도 함께하기로 했어요. 자혜 말대로 우리가 독립해서 조선 총독부 병원의 간

호사가 아니라 대한의 간호사가 되면 얼마나 좋을까요?

하지만 독립은 그렇게 쉽게 되는 게 아니겠지요. 자혜는 병원에서 간우회를 조직하고 동맹 파업을 주도했다는 죄목으로 경찰에 체포되었어요. 자혜를 좋게 본 일본인 병원장 덕에 풀려나긴 했지만요.

나는 병원으로 돌아와 다시 환자들을 돌보고 있지만, 자혜는 지금 이 땅에 없어요. 자혜는 나라의 독립을 위해 계속 싸우고 싶다고 했어요.

"중국에 가면 독립운동가들이 많이 모여 있대. 나도 그리로 갈 거야. 그곳에 가면 내가 할 일이 뭔지 알겠지."

나는 고국에서 내가 할 일을 찾아보기로 했어요. 그렇게 애쓰다 보면 독립을 이룬 나라에서 다시 만날 수 있겠지요?

궁녀에서 독립운동가로
박자혜

출생-사망 1895-1943년

　박자혜는 중인 집안에서 태어나 어릴 적에 궁궐에 아기 나인으로 들어갔어요. 그러나 궁녀로 오래 살지는 않았어요. 1910년에 한일 병합 조약으로 나라가 일본에 강제로 합병되면서 조선 황실이 축소되었고, 이때 궁궐을 나와 궁녀 신분에서 벗어나게 되었으니까요.

　궁궐에서 나온 박자혜는 숙명여학교에 입학해 근대식 학교 공부를 할 수 있었고, 졸업 후에는 사립 조산부 양성소에 들어갔어요. '조산부'란 산모의 출산 때 아기를 받는 사람을 말해요. 여자들이 바깥일을 하거나 직업을 갖기 힘들 때여서 조산부 자격을 따면 꽤 좋은 대우를 받았어요. 산파로 일할 수도 있고, 아기를 낳을 때 가는 조산원을 차릴 수도 있잖아요.

박자혜는 조산부 자격증을 따고 조선 총독부 병원의 산부인과에 들어갔어요. 아기 나인으로 궁궐에 들어간 것도 박자혜의 뜻이 아니었고, 궁궐에서 나온 것도 박자혜의 결정이 아니었지요. 숙명여학교에 들어간 것도 갈 곳이 없어서일 수 있어요.

그래도 박자혜는 눈앞에 닥친 상황에서 최선의 선택을 하며 살았어요. 공부를 가르쳐 주고 잘 곳도 준다니까 학교에 들어가고, 혼자 생계를 꾸려야 하니까 확실한 직업을 얻을 수 있는 조산부 양성소에 들어간 것이지요.

그렇게 스스로 삶을 헤쳐 가며 살아온 박자혜 앞에 3.1 만세 운동은 큰 충격을 주었어요. 나라를 빼앗긴 건 1910년이었지만, 나라를 빼앗긴 슬픔과 분노를 느낀 건 1919년 3월 1일 피투성이가 된 사람들이 병원으로 실려 오는 것을 본 순간이었지요.

박자혜는 간호사들도 만세 운동에 동참하자며 동료 간호사들을 설득했어요. 처음으로 독립운동에 참여한 순간이었어요. 일본 경찰에 잡혔다 풀려난 박자혜는 더 이상 일본인들을 위해 병원에서 일하고 싶지 않았어요. 그래서 풀려나자마자 휴가를 낸 척하고 중국으로 떠났지요.

얼마 뒤, 다시 서울로 돌아올 때 박자혜는 혼자가 아니었어요. 독립운동가 신채호와 결혼해서 얻은 아들과 함께였지요.

사람들은 가난한 독립운동가 신채호 선생의 뒷바라지를 하느라 고생한다고 생각했지만, 사실 박자혜는 스스로 더 열심이었어요. 서울에서도 의열단 활동에 참여했어요. 박자혜가 차린 산파원은 독립운동가들의 연락 기지가 되었고, 의열단이 국내 활동을 할 때 길 안내를 했지요. 그렇게 누가 알아주든 그렇지 않든 박자혜는 비밀리에 독립운동을 계속해 나갔답니다.

한국을 사랑한 파란 눈의 친구

프랭크 스코필드 ✕ 이갑성

며칠 전 함태영 목사를 만났어요. 김규식 선생이 파리 강화 회의에 참석하기 위해 떠났다는 소식과 함께 이 땅에서도 우리가 얼마나 독립을 원하는지 알려야 한다고 했지요.

"다행이네요. 우리가 마침 만세 운동을 계획하고 있었는데, 시기가 딱 맞겠어요."

일본 도쿄에서도 유학생들끼리 독립을 선언하고 만세 운동을 했다는데, 나는 정말 좋은 기회라고 생각했어요.

"그런데 말이네, 우리가 만세 운동을 한다고 해도 저 멀리 파리에까지 소식이 닿지 않는다면 모두 헛일이 아닌가? 그래서 생각해 봤는데, 외국인의 도움을 받아야 해. 들키지 않고 국내 소식을 나라 밖으로 전할 사람, 우리를 배신하지 않을 사람……."

내 머릿속에 가장 먼저 떠오른 사람이 있었어요.

"세브란스 의학 전문학교 스코필드 박사 어떠십니까? 석호필 박사 말입니다. 우리나라를 진심으로 좋아하고, 우리의 독립을 지지하는 사람이에요. 그 사람이라면 도와줄 겁니다."

내 말에 함태영 목사의 얼굴이 밝아졌어요.

"그 사람 원래 영국 사람이라고 했지? 일본이 영국과 동맹국이니 스코필드 박사를 함부로 대하지 못하겠군. 이 집사가 스코필드 박사를 만나 주시오."

나는 그길로 스코필드 박사를 찾아갔어요.

"스코필드 박사님, 사진기가 있습니까? 없으면 제가 마련해 드리지요."

"사진기는 왜요?"

나는 어리둥절한 스코필드 박사에게 우리의 만세 운동을 사진에 담아 나라 밖으로 전해 달라고 부탁했어요. 우리가 얼마나 독립을 하고 싶은지 그 마음까지 사진에 꼭 담아 달라고. 스코필드 박사는 흔쾌히 수락했지요.

"그럼요. 제가 그 일을 하겠습니다. 한국인들의 의지를 사진에 담아 온 세계에 알리겠습니다. 안 그래도 제가 현장에 나가 촬영을 하려고 했습니다.

특별한 임무를 주셨으니, 더욱 기쁘게 임하겠습니다."

며칠 후 우리는 태화관에 모여 있었어요. 밖이 떠들썩했어요. 독립 선언문 낭독이 끝나자마자 일본 경찰이 쳐들어왔어요. 우리는 저항하지 않고 잡혔지요. 파고다 공원에서 만세 운동이 어떻게 되었는지 궁금했지만, 학생들이 만세 운동을 잘 이끌었으리라 믿었어요.

저녁때 간수 한 사람이 슬쩍 다가와서 은밀하게 소식을 전해 주었답니다.

"선생님, 석호필 박사가 전해 달랍니다. 파고다 공원에 가득한 독립의 열망을 담는 데 성공했다고요."

나는 마음속으로 빌고 또 빌었어요. 우리 민족의 간절한 바람이 멀리 유럽에까지 꼭 전해지기를!

한국인의 영원한 친구
프랭크 스코필드
출생-사망 1889-1970년

　스코필드 박사가 처음 우리나라와 인연을 맺은 것은 1916년이었어요. 세브란스 의학 전문학교 교장 에비슨이 한국으로 와서 강의를 해 달라고 초청했기 때문이지요.

　스코필드 박사는 세브란스 의학 전문학교에서 세균학과 위생학을 가르쳤는데, 한국어를 배워 강의할 만큼 열정이 넘쳤어요. 한국어 실력이 꽤 좋아서 1년 만에 조선 감리교회의 선교사 자격 한국어 시험에도 합격했지요.

　박사에게는 한국 이름도 있었어요. 석호필! 스코필드와 발음이 비슷하면서도 한국인을 돕겠다는 진심을 담은 이름이었지요. 1919년 2월, 3.1 운동을 준비하던 이갑성은 스코필드 박사를 찾아와 해외 상황이 어떤지 알아봐 달라고 요청했어요. 그리고 3월

1일 파고다 공원에서 만세 운동을 하는 모습을 사진으로 남겨 달라고 부탁했지요.

스코필드 박사는 마음속 깊이 조선의 독립을 응원했어요. 그래서 3.1 운동의 성공을 바라며 만세 운동을 하는 사람들의 모습을 사진에 담았어요. 그리고 총칼을 든 일본 경찰의 모습도 담았지요. 스코필드 박사가 찍은 사진은 3월 1일 서울의 만세 운동의 모습이었지만, 3월, 4월에 걸쳐 계속해서 전국에서 만세 운동이 일어났어요.

그러던 어느 날, 스코필드 박사는 끔찍하고도 슬픈 소식을 들었어요. 전국에서 일어난 만세 운동에 화가 난 일본 경찰이 본보기로 수원 제암리에서 주민들을 몰살했다는 소식이었지요.

스코필드 박사

스코필드 박사는 당장 기차에 올랐어요. 수원역에 내린 스코필드 박사는 자전거를 타고 제암리까지 달려갔지요. 현장에 도착한 스코필드 박사는 처참한 제암리 현장을 보았고, 일본 경찰의 눈을 피해 이번에도 그 모습들을 사진에 담았어요.

스코필드 박사는 3.1 만세 운동과 제암리 학살 사건 사진을 무사히 외국으로 보내 널리 보도되게 했어요. 그리고 기회가 닿는 대로 일본의 부당함을 알리는 기사를 썼어요.

이렇게 마음 깊이 대한민국의 독립을 응원한 스코필드 박사를 두고 서른네 번째 민족 대표라고 말하는 사람도 있답니다.

역사에는 민족의 혼이 담겨 있다

신채호 ✕ 의열단원

　신채호 선생님, 안녕하세요. 저는 올해 열여덟이 된 청년입니다. 멀리 다른 나라에 계시니 이 편지가 언제 전해질지 모르겠습니다. 선생님, 저는 의열단에 들어가기로 마음먹었습니다. 선생님이 쓴 '조선 혁명 선언문'을 보고 마음을 굳혔어요.

　저는 처음에 의열단 활동이 잘 이해되지 않았어요. 나라를 일본에 빼앗긴 것이 안타깝고 슬프기는 한데, 높은 사람 몇 명 죽이는 것이 무슨 이득이 있을까 싶었어요. 총독이 죽으면 일본에서 새 총독을 다시 보낼 거고, 총독부 건물이 무너지면 새로 또 짓지 않을까 생각했지요. 그런데 아니었어요. 제 생각이 틀렸어요. 선언문을 보니까 알겠더라고요.

"혁명의 기록은 자연히 처절하고 씩씩한 기록이 되리라. 그러나 물러서면 그 뒷면에는 어두운 함정이요, 나아가면 그 전면에는 광명한 활기이니, 우리 조선 민족은 그 처절하고 씩씩한 기록을 그리면서 나아갈 뿐이니라."

조선 혁명 선언문을 보고 나니, 의열단이 그동안 해 왔던 일들이 어떤 것이었는지, 또렷이 이해가 되었어요. 저는 이 선언문을

베끼고 또 베끼며 마음에 새겼어요. 그리고 이 선언문을 누가 썼는지 몹시 알고 싶었어요.

"이봐, 의열단에서 발표한 조선 혁명 선언문 봤어? 의열단 단장인 김원봉이 쓴 거겠지?"

"쉿! 누가 듣겠어. 내가 듣기론 단재 신채호 선생이 쓴 거라던데! 김원봉 단장이 신채호 선생을 찾아가 부탁했대."

아는 친구가 이렇게 말해 줘서 저는 선생님이 쓴 다른 글들도 찾아 읽었어요. 그리고 깨달았죠. 일본이 학교에서 가르친 역사는 죄다 가짜라는 것을요. 우리 민족의 위대한 역사는 따로 있었어요. 나라가 발전하는 데에는 한두 명의 영웅이 아니라 각자의 자리에서 활약하는 여러 국민의 힘이 중요하다는 선생님의 말씀은 제 가슴을 뜨겁게 만들었어요.

"그래, 만약 내가 의열단이 된다면 우리 손으로 새로운 역사를 열 수도 있지 않을까?"

처음에 의열단이 될지 말지 고민했던 것은 선생님의 글들을 읽

은 탓이에요. 나라의 운명을 구하기 위해 총을 들 것인지, 아니면 선생이 될 것이지 고민했지요.

"총을 들든, 역사를 연구하고 가르치든 모두 나라를 되찾는 데 도움이 되는 일인데……."

선생님도 만주에서 학생들에게 역사를 가르치셨다고 들었어요. 그곳에서도 우리의 역사를 연구하고 책을 쓰고 계신다지요? 임시 정부 일과 독립군 일로 바쁘실 텐데 정말 대단하세요.

우리가 나라를 일본에 빼앗기지 않았다면 선생님은 어떤 길을 걸었을까요? 아마 사상가로서, 역사학자로서 많은 연구를 하셨겠죠? 저도 어떻게든 힘을 보태어 나라를 일으키고 언젠가는 선생님의 가르침을 직접 받고 싶습니다.

항상 건강 조심 하십시오.

불의를 참지 않은 역사학자
신채호
출생-사망 1880-1936년

조선의 운명이 그렇게 위태롭지 않았다면 신채호는 아마 성균관에서 계속 학문을 연구하고, 성균관 유생들을 가르치는 선생님으로 남았을 거예요. 어쩌면 우리가 훌륭한 학자로 기억하는 퇴계 이황, 율곡 이이와 이름을 나란히 했을지도 몰라요. 왕에게 발탁되어 관직에도 올랐을 테고요.

신채호는 공부하는 것을 아주 좋아하고 잘하는, 지금으로 말하면 '공부 천재'였어요. 어릴 때만 신동이었던 것이 아니라 평생 공부 천재였어요. 그래서 '나라를 빼앗기지 않았다면 무엇이 되었을까?'를 떠올려 보는 게 별로 큰 의미가 없을 것 같아요. 뭐든 잘했을 것 같거든요.

실제로 신채호는 글을 잘 써 신문사에서 일하기도 하고, 학교에서 학생들을 가르치기도 했어요. 독립군으로 활동하기도 했어요. 이뿐 아니에요. 역사책을 쓰고, 역사의식을 길러 주는 소설을 쓰고, 어린이들에게 독립 정신을 일깨워 주는 동화를 번역하기도 했어요.

다른 독립운동가들처럼 신채호도 가장 원하는 것이 나라의 독립이었어요. 하지만 가장 좋아하는 일은 우리 역사를 연구하고 기록으로 남기는 일이었던 것 같아요. 중국으로, 러시아로 수없이 옮겨 다니면서도 역사 연구를 계속했거든요. 하지만 그렇게 떠돌아다니면서 연구를 하는 것은 쉽지 않은 일이었어요. 그래서 어떤 책들은 끝까지 쓰지 못하기도 했어요.

신채호가 계속 떠돌아다녀야 했던 것은 독립운동을 하면서 쫓겼기 때문이기도 하지만 불같은 성격 때문이기도 했어요. 옳지 않은 것을 두고 보지 못하는 성격이었어요.

신채호

대한민국 임시 정부를 함께 세웠지만 미국에 기대어야 한다는 이승만의 계획을 듣고는 화가 나서 임시 정부를 탈퇴해 버렸어요. 그 뒤로는 계속 한곳에 머물지 못하고 떠돌며 독립운동을 해야 했지요.

그러다 일본에 잡혀 감옥에 갇혔는데, 큰병에 걸려 병보석으로 나올 기회가 생겼어요. 하지만 이때도 불같은 성격 때문에 나오지 못했어요. 병보석 신청을 할 때 보증인이 필요했는데, 보증을 서 주겠다고 나선 사람이 친일파여서 거절했거든요. 신채호는 결국 독립을 보지 못하고 감옥에서 숨을 거두었어요.

기차에서 만난 특별한 인연

정정화 ✕ 기차 차장

'오늘은 안 오시나?'

나는 이제나저제나 그 사람을 기다려요. 그 사람이 기차에 타는 것을 보아야 마음이 놓여요. 기차에 탄다는 것은 서울에서 하려던 일들을 무사히 마쳤다는 뜻이기 때문이에요. 그 사람이 하는 일이 무엇인지는 정확히 몰라요. 다만 우리나라의 독립을 위해 일한다는 것만 알지요.

이렇게 말하니 나이가 제법 있는 사람 같지만, 사실 그 사람은 젊은 부인이에요. 처음 봤을 때는 혹시 일본 밀정이 아닌지 의심도 했어요. 기차에 함께 탄 사람이 일본 경찰과 친하게 인사하는 모습을 여러 번 보았거든요.

'저렇게 젊은 사람이 못된 마음을 먹었을까? 그냥 큰 도시에 돈 벌러 가는 거겠지.'

사람마다 다 사정이 있으니, 내가 상관할 바는 아니었어요. 기차 차장인 나도 일본인들 밑에서 돈 받고 일하니까요.

'그래도 나는 동포를 팔아먹으며 살지는 않겠어.'

나는 아무리 가난하고 돈이 좋아도 나라를 팔고 동포를 팔지는 말자고 또 다짐했어요.

얼마 지나지 않아 그때 그 젊은 부인을 다시 보았어요. 이번에는 혼자서 신의주에서 서울로 가는 기차를 탔어요.

'일이 잘된 건가? 오늘은 표정이 밝네.'

나도 모르게 그 사람에게 자꾸 호기심이 생겼어요. 그런데 그 호기심은 서울에 도착해 모두 풀렸어요.

며칠 뒤 서울역에서 퇴근하여 역 건너편 하숙집으로 가는데, 그 젊은 부인이 내 앞에서 가고 있었어요. 같이 있는 사람이 세브란스 의사 신필호 선생이었어요. 신필호 선생은 독립운동가 신규식 선생의 조카였지요.

'저 사람도 독립운동을 하는가 보네.'

그때부터 나는 그 사람이 무척 우러러보이기 시작했어요. 나중에 알게 된 사실인데, 그 사람은 정정화라고 했어요. 일본 경찰들이 요주 인물이라고 하더라고요.

나는 그때부터 그 사람을 지키기로 마음먹었어요. 기차 차장일 뿐이지만 내가 도울 일이 있었어요. 때때로 일본 경찰이 기차에 올라 검문을 하는데, 그 일을 나도 함께 거들거든요. 나는 그 사람이 탄 칸을 먼저 돌고 나서 일본 경찰에 보고를 했어요.

"아, 옆 칸은 제가 돌았습니다. 수상한 사람은 없었습니다."

이렇게 유인하거나 술에 많이 취한 사람이 있으면 그 사람을 가리키며 시선을 돌렸어요.

"저 사람이 좀 수상합니다. 눈을 제대로 못 마주칩니다."

"바보 같은 조선 놈! 그냥 술 취한 사람이잖아!"

수상하다고 하니 조사는 하지만 그냥 술 취한 사람이니 나만 한 대 얻어맞으면 그만이죠.

오늘도 나는 그 사람이 기차에 타기를 기다립니다. 기차에 탄다는 건 아직 무사하다는 뜻이니까요.

임시 정부의 살림꾼 정정화

출생-사망 1900-1991년

정정화는 남편 김의한과 시아버지 김가진이 상하이로 망명하자, 늙으신 시아버지를 모셔야 한다며 홀로 머나먼 길을 떠났어요. 그때 정정화는 서울역에서 기차를 타고 신의주, 톈진, 난징을 거쳐 꼬박 열흘 만에 상하이에 도착했어요.

임시 정부에 있던 김가진과 김의한은 정정화를 무척 반겼어요. 그런데 막상 도착해 보니 임시 정부는 돈이 쪼들려 매우 어려운 형편이었어요. 임시 정부 청사의 월세도 제대로 못 내고, 하루하루 끼니를 해결하는 것도 힘든 처지였어요.

가만 생각해 보니, 서울로 돌아가 친정에서 돈을 얻어 오면 될 것 같았어요. 정정화의 친정은 돈이 넉넉했거든요. 시아버지와 신규식에게 그 이야기를 했더니, 독립운동 자금을 모금해 오라는 공식적인 임무를 주었어요. 여성이라 의심을 덜 받을 거라면서요. 김가진은 국내에 있는 동지들에게 보내는 비밀 편지를 주었지요.

다행히 서울로 돌아가는 길은 멀리 기차를 타고 돌아가지 않아도 되었어요. 상하이에서 중국 안둥까지는 배를 타고, 안둥에서는 신의주로, 다시 서울로 기차를 타면 되었어요.

잘못해서 경찰에 붙잡히면 큰일이 났겠지만 정정화는 겁이 나지 않았어요. 임무를 제대로 완수해서 독립 자금을 가지고 돌아가고 싶을 뿐이었지요.

정정화의 가족사진

정정화는 독립 자금을 운반하기 위해 상하이와 서울 사이를 오가는 일을 여섯 번이나 했어요. 일본 경찰에 잡혀서 고초를 겪은 적도 있었어요.

그 일을 더 이상 할 수 없게 된 것은 일본의 감시가 심해져 대한민국 임시 정부가 더 이상 상하이에 있을 수 없었기 때문이에요. 안전한 곳을 찾아 계속 옮겨 다녀야 했지요.

정정화가 독립 자금을 운반하는 위험한 일을 했지만 어떤 직책이 있었던 것은 아니에요. 중국에서 임시 정부의 살림을 도맡아 한 세월이 27년이나 되지만 여기에도 어떤 대단한 이름이 붙지 않았어요.

그래도 정정화는 배고픈 독립운동가들에게 따뜻한 밥을 지어 주고, 죽어 가는 독립운동가들의 마지막 순간을 지켰어요. 임시 정부에서 독립운동가들이 지속적으로 독립운동을 할 수 있도록 떠받친 든든한 버팀목이었답니다.

기사를 쓰는 것이 독립운동이다

최은희 X 여학생 팬

최은희 기자님, 이런 글을 드려도 되는지 모르겠어요. 팬레터라고 생각하셔도 좋고, 선언문이라고 생각하셔도 좋아요.

저는 이화학당 졸업반 학생이에요.

어느 날 저희 선생님이 〈조선일보〉를 가져와서 말했어요.

"얘들아, 여기 퍽 재미난 게 있으니 꼭 보렴."

뭐가 재미난 것인지 콕 찍어 주지는 않았지만, 신문을 다 읽은 우리는 알았어요. 선생님이 말씀하신 기사가 어떤 것인지요.

"몇 시에 신문 들어오지?"

그다음부터 나는 날마다 신문 오기를 기다리고, 신문이 도착하면 제일 먼저 달려가 신문을 받아 왔어요.

"계집아이가 버릇없이 매번 신문을 가로채다니!"

아버지가 처음에는 노발대발하셨는데, 이제는 포기하고 신문을 2부나 구독하고 있어요. 그 덕에 신문 하나는 학교로 가져가 동무들과 돌려볼 수 있었어요.

최은희 기자님이 쓰는 지면 말고도 1면부터 끝까지 다 보고 있어요. 워낙 신출귀몰하니까 언제 어떤 지면에 기사가 실릴지 모른

다고 생각해서예요.

어째서 최은희 기자님 기사를 감동하면서 읽고 날마다 기다리게 되는지 모르겠어요. 이상해요. 하루는 생각해 보았어요. 왜 기자님의 기사만 더 기다리는가에 대해서요.

"첫째, 그동안은 여성 기자가 없었다."

그동안은 여성 기자가 없으니까 모든 기사가 남성 입장에서만 실렸는데, 여성이 쓴 기사를 보니 좀 공평해진 것 같아서가 아닐까요? 남녀의 입장이 다를 것이 없어 보였던 일도, 기자님의 기사를 보고 나서 '아!' 하고 깨달은 적도 있지요.

"둘째, 이런 기사는 처음 본다."

최은희 기자님은 기사 쓰는 방식이 많이 다른가 봐요. 가령 '광화문 앞에서 김씨가 이씨를 때렸다.'는 사건이 있다고 했을 때, 기자님 기사를 읽으면 마치 내가 광화문 앞에 가서 눈앞에서 그 장면을 본 것 같은 느낌이 들거든요. 친구들도 이렇게 말해요.

"최 기자님 기사는 꼭 탐정 소설을 보는 듯해."

사람들은 최은희 기자님이 기생이나 거지로 변장했다는 이야기를 흥미로워하는 것 같지만 저는 기자님이 사람들 속에 직접 들

어갔다는 점이 더 중요한 것 같아요. 마음을 울리는 진짜 기사를 쓴다는 점이 좋아요.

만세 운동 때, 감옥도 여러 번 다녀오셨다 들었는데, 이런 기사를 썼다가 잡혀 가는 건 아닌가 걱정이 들 때도 있었어요. 저한테도 아픈 데를 콕콕 찌르는 느낌이지만 일본인들도 뜨끔할 것 같아서요.

저는 이제 곧 학교를 졸업해요.

'졸업을 하면 무엇을 해야 할까?'

저의 요새 고민이에요. 주변에는 학교를 다 마치지 못하고 결혼한 친구도 있고, 일본으로 유학을 떠난다는 친구도 있어요.

최은희 기자님, 저는 무엇을 하면 좋을까요? 남자보다 더 훌륭히 기자 일을 하는 기자님처럼, 저도 당당히 제 몫을 해 내고 싶어요. 아직 무엇을 할지는 찾지 못했지만, 기자님 모습에서 나도 잘할 수 있다는 자신감을 얻었거든요.

제가 얼마나 멋진 사람이 되나 한번 지켜봐 주세요.

신문계의 패왕 최은희

출생-사망 1904-1984년

  3.1 만세 운동이 일어났을 때 최은희는 경성여자고등보통학교 학생이었어요. 최은희를 비롯한 경성여자고등보통학교 학생들은 만세 운동에 참여했고, 최은희는 이 일의 주동자로 몰려 감옥에 갇혀야 했지요.

  20여 일 만에 감옥에서 나왔을 때, 최은희는 독립 선언문을 숨긴 채 고향 백천으로 가서 형부인 송흥국과 함께 또다시 만세 운동을 일으켰어요. 이번에는 징역 6개월에 집행유예 2년 형을 받았는데, 그 뒤로도 일본에 유학 가기 전까지 다시 잡히고 풀려나기를 아홉 번이나 반복했어요. 그만큼 일본 경찰의 집중 감시를 받은 학생이었죠.

  일본여자대학 3학년 때, 산부인과 의사 허영숙이 부자에게 치

료비를 떼이고 못 받는 것을 보고, 최은희가 기지를 발휘해 돈을 모두 받아 준 적이 있어요. 부자는 돈을 안 주려고 아주 고약하게 굴었지만 최은희가 한 수 위였지요. 이를 본 허영숙의 남편 춘원 이광수의 추천으로 최은희는 〈조선일보〉 기자가 되었어요.

고약한 부자에게 떼인 돈을 받아 낼 정도의 배짱이라면 어떤 취재도 너끈히 할 수 있을 거라면서요.

〈조선일보〉의 '부인 기자'가 된 최은희는 '부인 견학단' 지면을 통해 여성들에게 새로운 사회 흐름을 전달했어요. 그리고 신문에 '가정면'을 만들어 부인들이 알아야 할 상식, 여성의 권리를 높이는 방법 등에 대한 기사도 썼어요.

최은희는 변장을 잘하기로도 유명했어요. 어떤 날에는 기생이었다가 어떤 날에는 거지로 변장해 취재를 했는데, 종로 한 바퀴를 도는 동안 아무도 최은희라는 걸 알아보지 못했대요.

그 정도로 취재를 위해서는 철저하게 준비했고, 그렇게 잠입해서 쓴 기사는 구독자들에게 큰 인기가 있었어요.

이처럼 성실한 취재 태도와 순발력은 〈조선일보〉에 굵직한 특종을 안겨 주었는데, 그중 손꼽히는 것은 6·10 만세 운동에 대한 기사였어요. 1926년 6월 10일 순종 황제의 장례일을 앞두고 조선인들이 또 무슨 일을 할까 봐 일본 경찰은 바짝 긴장하고 단속하고 있었어요.

최은희

그런데 6월 6일 저녁 종로 거리를 걷던 최은희는 일본 경찰의 심상찮은 움직임을 놓치지 않고, 경찰서에 잠입해 특종 기사를 냈어요. 김기전, 방정환, 차상찬 등 잡지 〈개벽〉을 만든 사람들이 취조당하는 것을 목격하고 주저하지 않고 기사로 썼어요.

이튿날 '모(某) 중대 사건 폭로'라는 제목의 사회면 머리기사는 최은희에게 '신문계의 패왕'이라는 별명을 안겨 주었지요.

마지막 한 명까지 독립을 외친다

홍범도 ✕ 독립군 대원

 "일본군들이 들어올 거라고 합니다. 만주에 있는 일본인들을 보호한다는 구실이지만 독립군을 토벌하는 것이 진짜 목적이지요. 우리에게도 독립군의 무장을 해제시키라는 요청이 들어왔습니다. 아무래도 독립군이 다른 곳으로 이동해야 할 것 같습니다."

 봉오동으로 일본군을 유인해 크게 이기고 나서, 얼마 뒤 독립군과 관계가 좋은 중국군 부대장에게서 급한 연락이 왔어요. 일본의 뜻에 따르기 싫고, 독립군이 당하는 것을 볼 수도 없으니 다른 곳으로 이동해 달라는 것이었어요.

 독립군 내부에서는 의견이 나뉘었어요.

 "어차피 우리가 이길 테니 싸워 봅시다!"

"중국군이 생각해서 귀띔해 준 건데 무시하고 남아 있으면 중국군들도 난처해지지 않겠소? 자칫 친구를 잃을지도 모릅니다."

"나도 옮기는 게 맞다고 생각합니다. 일본군이 우리를 얕봤다가 봉오동에서 크게 졌기 때문에 이번에는 제대로 준비를 갖추고 올 겁니다."

지난번 봉오동 전투에서 우리가 좀 잘 싸우긴 했지요. 최진동

장군 부대와 포수로 이루어진 우리 홍범도 부대가 함께 힘을 합쳐 좁은 봉오동 골짜기 안으로 일본군을 유인했거든요.

 일본군은 독립군이 숨어 있는 것도 모르고 따라 들어왔고, 때마침 계곡에는 짙은 안개까지 끼었지요. 우리는 산 위쪽으로 이동해 아래를 내려다보며 공격할 수 있었어요.

 "안개 때문에 앞이 하나도 보이지 않잖아."

 일본군은 시야가 차단되자 자기들끼리 서로 총을 쏘기도 했어요. 이때는 합동 작전을 펼친 독립군이 일본군보다 수가 많았어요. 일본군은 500명, 우리는 1,300명 정도였으니까요. 일본군은 147명이 죽었지만 우리 독립군은 4명이 전사했지요.

다쳐서 도망친 일본군이 300명이 넘으니 얼마나 큰 승리였는지 알겠지요?

홍범도 대장은 며칠 후 우리더러 모두 모이라고 했어요.

"모두의 의견이 옳다. 우리는 일본군에 싸워 이긴 경험이 있어 다음 싸움에도 유리하다. 일본군의 병력이 어마어마하다는 정보도 사실이다. 또한 중국군의 뜻에 따르지 않으면 친구를 적으로 돌릴 수도 있다."

홍범도 대장은 며칠 동안 고민을 했다고 해요.

"내 결론은 새로운 싸움터를 찾아 이동해야 한다는 것이다. 아직 만주를 떠나지 않은 독립군 부대와 힘을 합쳐 일본군과 싸울 것이다. 우리는 대한의 독립을 위해 싸우는 군인이다. 전쟁터가 있다면 어디든 갈 것이고, 무기와 병사가 모자라더라도 마지막 남은 한 명까지 독립을 외쳐야 한다."

우리 독립군의 다음 목적지는 북로 군정서 부대가 있는 청산리였어요. 김좌진 장군이 이끄는 북로 군정서 부대와 힘을 합한다면, 일본군과 또 싸워 이길 수 있을 거예요. 행군하는 내내 홍범도 대장이 한 말이 귓속을 맴돌았어요.

"마지막 남은 한 명까지 독립을 외쳐야 한다."

봉오동 전투의 영웅 홍범도

출생-사망 1868-1943년

    홍범도는 포수 출신 독립군 대장이었어요. 집이 가난하여 일찍부터 돈을 벌어야 했던 홍범도는 지방군의 군졸, 나무꾼, 승려 등 여러 직업을 거쳐 포수가 되었어요.

    그러다 1895년 일본이 명성 황후를 죽인 사건에 충격을 받아 의병이 되었어요. 1907년 대한제국 군대가 해산된 뒤에는 본격적으로 독립군 활동을 했어요.

    홍범도와 함께 활동하던 독립군에는 포수 출신이 많았고, 대한제국 군인 출신도 많았지만 총이나 전쟁과는 거리가 먼 농부나 어부, 서당 훈장 등도 있었어요. 많은 사람들이 독립군이 되기 위해 나섰지요. 하던 일은 제각각이지만 나라를 되찾고자 하는 마음만은 한 가지였으니까요.

    부대 규모도 제각각 달라서 어떤 부대는 제법 군대 규모와 무기를 갖추었어요. 또 어떤 부대는 군대라고 할 수 없을 정도로 작은 규모였어요. 소규모 부대들이 많다 보니 일본군과 싸우더라도 패배할 때가 많았어요.

그래서 봉오동에 모인 독립군 연합 부대를 일본군이 얕보았을 수도 있어요.

하지만 봉오동에 모인 독립군은 만반의 준비를 갖추고 작전을 짰어요. 좁은 계곡 안쪽에 숨어 있다가 일본군이 유인되어 들어오면 단번에 기세를 꺾기로 했지요.

봉오동 전투는 독립군이 일본군을 크게 이긴 첫 번째 공식적인 전투로 기록되어 있어요.

봉오동 전투에서 크게 진 일본은 독립군의 규모와 전력에 깜짝 놀라서 군대를 더 많이 보내 독립군을 몰살하고 싶어 했어요. 그래서 중국 마적단과 짜고서 일부러 일본 관공서를 습격하기도 했어요. 대규모 군대를 보낼 핑계를 만들기 위해서였지요.

이 일 때문에 홍범도가 이끄는 독립군은 김좌진, 이범석 장군 등이 이끄는 독립군 부대와 힘을 합치기 위해 청산리에 모였어요. 이렇게 모인 독립군은 3,000~4,000명 정도 되었는데, 청산리 전투에 보낸 일본군 병력은 3만 명이 넘었어요. 독립군 규모의 열 배나 되었지요.

이때 청산리에서 벌어진 전투를 '청산리 대첩'이라고 해요. 독립군이 또다시 일본군을 크게 무찌른 전투였고, 제각각 다른 부대들이 힘을 모아 싸울 수 있다는 희망을 보여 준 전투이기도 해요.

홍범도

스스로 살고, 생각하고, 깨달으라

차미리사 ✗ 덕성여대 학생

나는 덕성여자대학교 19학번 대학생이에요. 왜 교수님들보다 나이가 들어 보이냐고요? 나는 쉰 살이거든요. 그런데 왜 이제야 대학생이 되었을까요? 나는 중학생 때도, 고등학생 때도 전교 10등 밖으로 나가 본 적이 없어요. 공부하는 게 엄청 재밌지는 않았어도 곧잘 했어요.

"고등학교를 마쳤으니, 네가 동생들 학비를 대야 하지 않겠니? 네가 대학에 가면 동생들은 고등학교도 못 마치니 어쩌겠니? 미안하구나."

부모님 말씀에 나는 돈을 벌기로 마음먹었어요. 나한테는 남동생 하나, 여동생 둘이 있었어요. 내가 일을 해야 동생들이 공부를 할 수 있었어요. 특히 남동생을 대학에 보내야 했지요. 나는 마음속으로 그래도 나중에 대학에 꼭 다닐 거라고 혼자 다짐했어요.

조금 속상하기도 했어요. 하지만 그때는 어쩔 수 없었어요. 가난해도 아들은 어떻게든 대학에 보내려고 했고, 딸은 어떻게든 돈을 벌어서 집안에 보태야 했어요.

100년 전에는 더 했대요. 그때는 여자아이들에게는 아예 글도 가르치지 않았고 학교에 보내지도 않았어요.

나는 일을 해서 돈을 벌었고, 나이가 들어 결혼해서 아이들도 낳고 그런대로 행복하게 살았어요. 대학에 꼭 가겠다는 다짐이 희미해지고 그냥 이대로 살아도 될 것 같았지요.

그때 차미리사 선생님에 대해 알게 되었어요. 100년 전에 살았던 분이지만 어딘가 나랑 닮은 것 같은 느낌이 들었어요.

차미리사 선생님은 그때 풍습대로 아주 어린 나이에 결혼을 했는데, 그만 3년 만에 남편이 죽고 말았어요. 겨우 스무 살 때였어요.

"미리사, 공부를 하렴. 너는 영특하니까 공부를 하면 나라를 위해 훌륭한 일을 많이 할 수 있을 거야."

다행히 교회 선교사들의 도움으로 공부도 하고, 미국으로 유학도 갔어요. 미국에 있는 동안에는 교육 운동을 했어요.

"우리 땅의 젊은 여성들에게도 집안 살림만 하도록 강요할 게 아니라 다른 많은 가능성이 있다는 걸 말해 주고 싶어."

차미리사 선생님은 뜨거운 마음으로 귀국해 배화학당 교사로 일하면서 조선 여자 교육회를 만들고, 부인 야학 강습소를 열었어요. 그리고 전국을 다니며 강연을 했어요.

"조선의 반은 여성입니다. 여성도 교육을 받아야 합니다."

배움에 목말랐던 전국의 여성들이 강연을 들으러 왔어요. 이때 모인 성금으로 부인 야학 강습소 건물을 마련했고, '근화학원'이라는 새 이름을 지었지요.

한국인이 하고 싶은 일을 다 할 수 없었던 시절, 한국인의 힘으로, 여성들의 힘으로 세운 소중한 학교였어요. 근화학원은 점점 커져 나중에는 근화여학교가 되고, 학교 재단도 세웠어요.

하지만 총독부는 차미리사 선생님이 여학생들을 교육하고, 독립 의식을 일깨워 주는 것이 못마땅했나 봐요.

"근화가 무궁화라는 뜻이라고? 당장 바꿔!"

총독부는 학교 이름을 강제로 '덕성'으로 바꾸게 했어요. 맞아요. 덕성여자대학교가 바로 근화여학교에서 시작된 거예요. 내가 지금 다니고 있는 대학교지요.

차미리사 선생님의 이야기를 신문 기사로 읽은 나는 대학에 가기로 한 다짐을 다시 떠올렸어요. 배움에 나이가 중요하지 않지요. 차미리사 선생님 말씀처럼 내가 생각하고, 내 삶을 살기로 했어요. 보세요. 내가 지금 얼마나 행복해 보이는지를요!

조선 여성에게 새로운 인생을!
차미리사
출생-사망 1879-1955년

    차미리사는 이름이 세 개였어요. 태어나서 할아버지가 지어 준 이름, 서양 선교사들이 세운 학교에 다니며 지은 서양식 이름, 그리고 유학하고 공부를 더 한 뒤에 지은 이름이지요.

    많은 사람들이 태어나서 처음 가진 이름을 평생 쓰면서 살아요. 그리고 어떤 사람들은 그 이름을 잃어버리고 살기도 해요. 우리 엄마들이 그랬지요. 엄마가 된 다음에는 아이 이름을 붙여서 '○○ 엄마'라고 부르는 경우가 많잖아요.

    차미리사는 원래 이름이 섭섭이었어요. 기다렸다 어렵게 얻은 자식인데, 아들이 아니라 섭섭하다고 그런 이름이 되었대요. 차섭섭은 어린 나이에 시집을 가고, 아이를 낳고 누군가의 아내와 어머니로 살게 될 운명이었어요.

하지만 결혼하고 얼마 뒤 남편이 죽고, 우연히 공부를 하게 되면서 그 운명은 바뀌었어요.

누군가의 아내와 엄마로서 살기보다, 자신이 살고 싶은 인생으로 스스로 바꾸었어요. 스스로 살고, 생각하고, 깨닫는 인생을 살기로 한 것이었어요. 서양식 세례명을 짓고, 서양식으로 남편의 성을 따랐어요. 그래서 '차섭섭'은 '김미리사'가 되었어요.

공부를 하고, 미국으로 가서 더 공부를 하면서 김미리사는 우리가 독립을 하려면 남자, 여자 할 것 없이 모두가 교육을 받아야 한다는 생각을 했어요. 남자만 공부하거나, 여자만 공부하면 나라의 절반만 공부하는 셈이잖아요.

미국 유학 시절의 차미리사

김미리사는 어서 귀국해서 직접 가르치는 것이 더 좋겠다고 생각했어요. 돌아와서는 이름이 한 번 더 바뀌었어요. 이번에는 '차미리사'가 되었어요. 서양 선교사들에게 배우고, 서양의 풍습대로 남편의 성을 따라 이름을 지었지만, 굳이 그래야 할 필요도 없잖아요. 지금까지도, 앞으로도 스스로 앞길을 헤쳐 가며 살아갈 거니까요.

차미리사의 바람은 이루어졌어요. 손수 여성들을 가르치는 학교도 세웠지요. 그리고 지금은 남자, 여자 모두 평등하게 교육을 받게 되었어요.

덕성여자대학교를 세운 공로가 친일파 교장에게 돌아갈 뻔한 적도 있지만 사람들의 노력으로 차미리사의 공인 것이 밝혀졌어요. 덕성여자대학교는 차미리사의 뜻에 따라 100년 넘는 세월 동안 스스로 살아가는 멋진 여성들을 키워 가고 있답니다.

조선의 여성이 경고한다

윤희순 X 이웃 중국인

    중국인들이 사는 마을에 조선인들이 이사를 온다고 그래서 어떤 사람들인가 궁금해서 한번 가 봤어요.

"그냥 조선인들이 아니라 큰 부대가 왔군."

    들어 보니, 조선인 의병대인 '조선 독립단'이라고 했어요. 나는 일본인들 끄나풀만 아니면 좋겠다 싶으면서도, 텃세를 부려 볼까 하는 마음이 생겼어요. 그냥 친하게 지내면 되는데 괜히 못된 마음이 튀어나온 것이지요.

"의병대라고? 대장이 누구요? 이사를 왔으면 이웃 사람들한테 인사를 해야지!"

    덩치 큰 젊은이한테 대장, 대장 하는 것 같아서 장난처럼 소리를 질렀는데, 그 젊은이가 대장이 아니었어요. 젊은이 뒤에서 머리가 하얀 할머니가 앞으로 나서며 말했어요.

"내가 대장이오. 인사가 늦었습니다. 앞으로 이웃끼리 잘 지내 봅시다."

나이도 많은 할머니의 목소리가 어찌나 쩌렁쩌렁 울리는지 속으로 깜짝 놀랐어요. 호랑이 같은 눈빛 때문에 기도 팍 죽고 말았어요.

"아, 네. 어려운 점 있으시면 언제든 말씀하십쇼."

솔직히 나는 대장 할머니한테 반하고 말았어요.

"우리가 중국에 온 것은 빼앗긴 나라를 되찾기 위해서입니다. 일본 제국주의는 조선과 중국 두 나라 백성들의 공동 원수입니다. 우리 힘을 합쳐 일본 제국주의와 싸웁시다!"

알고 보니 대장 할머니 집안 자체가 의병 집안이더라고요. 시아버지와 남편, 아들도 의병이래요. 내가 일본 놈들이랑 다투는 거야 살던 곳을 자꾸 침범해 오니까 그러는 건데, 멀리까지 와서 나라의 독립을 위해 싸우는 조선인들은 정말 존경스러워요.

게다가 나는 여자 의병장이 있다는 얘기는 들어 본 적이 없어요.

'저런 분이 둘만 더 있어도 조선은 금방 독립할 거야.'

나는 속으로 이렇게 생각했지요. 내 속마음을 알았는지 의병 중 한 사람이 이렇게 말했어요.

"우리 대장님이 화약을 다룰 줄 알아요. 그래서 동네 아낙들을 모아 탄약을 만드는 제조소를 차렸단 말이지요."

그렇게 동네에 탄약 제조소를 차려 의병대에 물자를 대고, 본인은 남장을 하고서 정보를 캐러 다녔다고 해요.

한번은 조선 독립단이 사격 훈련을 하는 것을 본 적이 있어요. 나는 대장 할머니가 의병 지휘만 하는 줄 알았지, 병사들과 함께 훈련까지 할 줄은 몰랐어요. 대장 할머니는 사격술도 엄청 뛰어났어요.

"이보시오, 우리 대장님이 어떤 분인지 모르지요?"

입을 벌리고 감탄만 하고 있었더니, 의병 하나가 대장 할머니에 대한 이야기를 들려주었어요. 1895년에 일본이 명성 황후를 시해했을 때 이야기였어요. 분이 난 대장 할머니가 벽에 격문을 붙였다는 거예요.

왜놈 대장 보아라. 우리 황후를 살해하고도 너희 놈들이 살아서 가기를 바라느냐. 이 마적떼 오랑캐야, 좋은 말로 할 때 용서를 빌고 가거라. 놈들아, 우리 조선 안사람이 경고한다.

-조선 선비의 아내 윤희순

일본인들을 욕하고 꾸짖으면서 글을 쓴 사람이 누구인지 당당히 밝힌 대장 할머니! 정말 대단하지 않아요?

여성 의병대 대장 윤희순

출생-사망 1860-1935년

　1895년 일본이 명성 황후를 시해한 사건이 일어나고, 곧이어 상투를 자르고 서양식 머리를 하라는 단발령이 시행되자 전국의 유학자들은 반발했어요.

　유교 사상으로 인해 부모가 주신 머리카락을 자르는 것도 할 수 없는 일인 데다, 일본과 친일파 신하들이 고종 황제를 압박해 이런 칙령을 내린 것이라고 생각했기 때문이지요. 그래서 단발령에 반발한 유생들이 전국에서 의병을 일으켰어요.

　춘천에서는 유홍석, 이소응 등의 유생들이 의병 운동을 일으켰어요. 의병을 일으킨 날, 유홍석 의병장의 며느리였던 윤희순은 마을의 여성들을 모아 놓고 말했어요.

　"나라를 구하는 데 남녀의 구별이 있을 수 없다. 우리도 나라

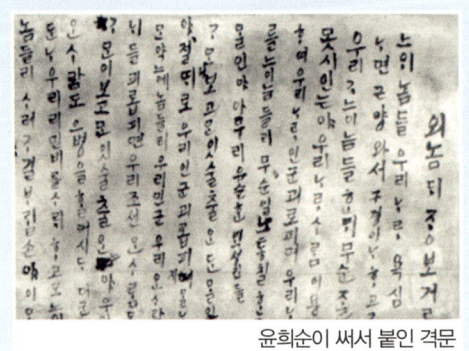
윤희순이 써서 붙인 격문

를 위해 싸우는 의병들을 돕자. 우리도 의병이 되자."

윤희순은 마을 부인들과 함께 의병 부대가 마을에 들어오면 밥을 지어 주는 등, 의병들을 적극적으로 도우며 잘 싸울 수 있도록 뒷바라지를 했어요. 일본군을 꾸짖는 격문을 써 붙인 것도 이때였어요.

몇 년 뒤 1907년에는 일본이 조선의 군대를 강제로 해산시키고, 고종 황제를 퇴위시켰어요. 고종 황제가 헤이그에 밀사를 보낸 것에 대한 보복이었어요. 이때도 윤희순의 시아버지 유홍석은 의병을 모아 나가 싸웠어요.

윤희순은 이때 더욱 적극적으로 의병 운동에 참여했어요. 군자금을 모아서 놋쇠 구리 등의 쇠붙이를 사고, 이것으로 화약을 제조했어요. 직접 나가서 싸운 것은 아니지만 화약과 탄환을 보급하는 일은 전투에서 무척 중요한 일이에요.

이뿐만이 아니었어요. 윤희순은 마을 여성들을 모아 여성 의병대를 만들었어요. 의병 활동을 뒤에서 돕거나, 의병 훈련에 직접 참가하기도 했지요. 윤희순은 남자로 변장하고 정보 수집을 하러 다니기도 했어요.

  이렇게 계속해서 의병 활동을 한 보람도 없이 1910년에는 일본에 나라를 완전히 빼앗기고 말았어요. 윤희순은 앞서 떠난 시아버지와 남편의 뒤를 따라 아들들을 데리고 중국으로 망명했어요. 그리고 이때부터 중국에서의 기나긴 항일 운동이 시작되었지요.

어린이가 자라 나라의 일꾼이 된다

방정환 ✕ 어린이 독자

　어제 전차를 타고 심부름을 다녀오던 길이었어요. 전차에서 한창 재미나게 책을 읽고 있었지요. 그런데 자꾸 누군가가 말을 거는 거예요.

　"얘, 너 어디까지 가니? 책 보다 못 내리겠다."

　"걱정하지 마세요. 저 종점 가서 내려요."

　"얘, 너 뭐 읽니?"

　"이거, 잡지예요. 아이들 보는 잡지."

　"그거 재미나니?"

　"그럼요. 아저씨는 〈어린이〉 잡지 몰라요?"

　한창 재밌게 책을 읽는데 자꾸만 물어봐 귀찮았지만, 나는 책을 들어서 보여 주면서 대답했어요. 아저씨는 내 손에서 책을 가져가더니 몇 장 들춰 보았어요.

"얘, 너 여기서 누구 글이 제일 재미나니?"

이런 것을 물어보는 어른은 또 처음이었어요.

"다 재미난데요, 저는 몽중인 글이 제일로 좋아요. 그런데 이 몽중인이 사실은 방정환 선생님이래요. 모르셨죠?"

그 뒤로도 아저씨는 처음 보는 애한테 뭐가 그리 궁금한지 계

속 자꾸만 물어봤어요.

"응, 그렇구나. 그런데 이 책 지지난달 책이네? 다 지나간 걸 보니? 책이 다 닳았네."

이 아저씨가 참 책 읽기를 모르나 봐요.

"아, 원래는 새 책이었어요. 자꾸만 봐도 재미나니까요, 자꾸만 봐서 닳았어요. 그런데 내일이 이달 책이 나오는 날이거든요? 내일 일찍 줄 서서 살 거예요. 오늘 심부름을 잘하면 어머니가 새 책 살 돈 주신댔어요. 그럼 내가 먼저 읽고, 그다음에 옆집 친구한테도 빌려줄 거예요."

"그렇게 아끼는 책을 친구에게 빌려줘?"

"그럼요. 걔네 부모님은 잡지 보는 거를 싫어해서 보는 것도 우리 집에 와서 봐야 해요. 그리고 다 이 안에 있어요."

"응? 뭐가 있어?"

"좋은 거를 혼자만 좋아하지 말고, 나눌 수 있다면 나누라고 했어요. 그래야 좋은 사람이고, 다들 그렇게 하면 좋은 세상이 된다고요. 어머니가 그러는데 내가 참 욕심이 많대요. 욕심이 많아도 책은 같이 볼 수 있잖아요. 글자가 없어지는 것도 아니고."

아휴, 자꾸 물어보니까 나도 자꾸만 말이 길어졌어요.

"하하, 너 참 말 잘하는구나. 너처럼 잘 따르는 독자가 있어서 방정환 선생도 좋겠구나. 이 나라 어린이들이 다 너처럼 자라면 우리나라에 든든한 일꾼이 많아지고 좋은 세상도 오겠지. 옛다, 선물이다."

아저씨는 가방에서 책 하나를 꺼내 내 손에 쥐여 주었어요. 세상에! 이번 달 〈어린이〉였어요.

"어? 〈어린이〉잖아요? 내일이 나오는 날인데?"

나는 어리둥절해져서 아저씨 얼굴을 올려다봤어요. 자꾸 말을 시키는 아저씨가 바로 방정환 선생님이었어요. 나는 놀라서 눈이 동그래지고 말았어요.

"아, 너 때문에 두 정거장이나 지나쳤다. 하하하, 어머니가 주시는 돈은 다음 달 책을 사 보렴. 나 간다."

어쩜 방정환 선생님은 동화 속 주인공이 튀어나온 것처럼 장난꾸러기실까요? 한 번이라도 만나 보았으면 하는 소원이 있었는데, 소원을 이뤘지만 금세 헤어져서 너무 허무한 기분이었어요.

어린이들의 영원한 친구
방정환

출생-사망 1899-1931년

어린이들을 어린이라고 부르지 않았던 때가 있었어요. 듣기 싫고, 쓰기도 싫은 말로 불렀지요. 방정환은 그것이 무척 잘못된 일이라 여겼어요. 어린아이들도 어른의 존중을 받아야 한다고 생각했고, 그러려면 존중해서 부를 만한 이름이 필요하다고 여겼어요. 그래서 아직 나이가 어린 사람이라는 뜻으로 '어린이'라는 말을 처음 만들었지요. 늙은 사람은 늙은이, 젊은 사람은 젊은이인 것처럼요.

어린이들을 부를 때만 존중하지 않았던 것이 아니라, 당시에는 어린이들을 존중하지 않았던 어른들이 많았어요. 열 살도 안 된 어린이가 논밭에 나가 일을 하고, 공장에서 일을 하는 일도 많았어요. 한창 뛰놀고, 많이 배워야 할 때인데 말이에요.

방정환은 어린이들을 존중하고, 잘 자랄 수 있도록 어른들이 더 힘써야 한다고 생각했어요. 지금 당장 돈을 덜 벌더라도, 어린이들이 행복하게 자랄 수 있도록 해야 한다고요.

어린이들에게는 "씩씩하고 참된 소년이 됩시다. 그리고 늘 사랑하며 도와갑시다."라고 했어요.

1922년에는 어린이들의 인격을 존중하고, 행복하게 하자며 어린이날을 선포했어요. 이때는 5월 1일이었다가 지금은 5월 5일이 된 바로 그날이지요.

"우리들의 희망은 오직 한 가지, 어린이를 잘 키우는 데 있습니다. 10년 후의 조선을 생각합시다."

어린이날 포스터

초창기 어린이날 행사

방정환은 어린이들을 잘 키우는 것이 이 나라의 독립을 위해서도 중요한 일이라고 생각했어요. 그래서 어린이들이 재미있게 읽고 감동하면서도 배울 것이 많은 잡지를 만들었어요. 바로 〈어린이〉지요.

어린이들이 잘 배우면 독립을 위한 훌륭한 일꾼이 된다는 것을 아마도 일본은 알았던 모양이에요. 일본 경찰은 〈어린이〉 잡지를 만들고 어린이 운동을 하는 방정환을 잡아다 괴롭히기도 하고, 잡지에서 자기들 마음에 안 드는 내용을 지우게 하거나 아예 내지 못하게 한 적도 있어요.

그렇게 힘들게 잡지를 만들면서도 방정환은 어린이 운동을 멈추지 않았어요. 잡지도 두 가지나 만들고 여러 일로 바빴던 방정환은 과로로 젊은 나이에 세상을 떠나고 말았지요. 그러나 그렇게 세상을 떠나면서도 마지막에 한 말이 "어린이들을 부탁해요."였다고 해요.

천 명에게 쫓겼지만 잡히지 않았다

김상옥 ✕ 일본 경찰

한 사람을 생포하기 위해 천 명에 가까운 경찰이 뒤를 쫓았어요. 분명히 포위했고, 좁혀 들어갔는데 우리는 작전에 실패했어요. 무장한 경찰 천 명이 김상옥 한 명에게 졌지요. 어떻게 그럴 수가 있을까요?

아주 믿을 만한 첩보도 있었어요. 중국 상하이를 중심으로 활동하는 의열단 조직이 조선 총독부 사이토 마코토 총독을 암살하기 위해 국내로 잠입한다는 소식이었지요.

1919년 조선인들이 3.1 만세 운동을 일으켜서 우리 일본은 무척이나 곤란해졌어요. 마치 일본이 조선을 아주 못살게 굴기라도 한 것처럼 세계에 알려졌으니까요.

"의열단 놈들이 우리를 만만히 본 게지?"

우리는 의열단이 감히 총독부를 넘볼 수 없도록 기차역과 항구 등에서 물 샐 틈 없는 경비를 했어요.

그런데 엉뚱한 곳에서 일이 일어났지요. 1923년 1월 12일 밤, 종로 경찰서에 누군가 폭탄을 던진 거예요. 첩자를 매수해 얻은 새 정보는 사이토 총독을 암살하려는 것이었어요. 회의에 참석하려고 도쿄로 떠나는 총독을 기차역에서 노린다는 정보였지요. 눈

속임을 하려고 경찰서에 폭탄을 던졌을까요?

"누가 감히! 놈들을 당장 잡아들여!"

누군가 했더니, 독립 사상을 심기 위해 〈혁신공보〉 신문을 만들다 잡혔던 김상옥의 짓이래요. 당시에는 40일 넘게 고문했지만 끝내 자백하지 않아 증거 불충분으로 풀어주어야 했어요. 신문이나 만들어 돌리던 김상옥은 얼마 뒤 일본 관리들을 암살하려고도 했어요. 그러다 계획이 우리 쪽에 발각되어 중국으로 도망쳤는데,

그놈이 의열단이 되어 다시 돌아온 것이지요.

"서울역 앞 삼판통(후암동)에 있는 여동생 집에 숨어 있답니다."

우리는 정보를 입수하자마자 그 집을 에워쌌어요. 사격 솜씨가 뛰어나다는 소문이 있었지만 무장 경찰 열네 명이 김상옥 한 명을 못 잡을까요? 그랬어요. 못 잡았어요. 급습하는 데는 성공했지만 체포할 수 없었지요. 열네 명이 쫓았지만 김상옥은 한겨울에 맨발로 포위를 뚫고 유유히 도망쳤어요.

오히려 우리 피해가 컸어요. 여러 명이 죽고 다쳤지요.

"엄청난 놈입니다. 적은 병력으로는 어림도 없습니다."

눈앞에서 거짓말처럼 놈을 놓친 나는 꼭 김상옥을 잡고 싶었어요. 김상옥의 은신처를 알아낸 우리는 이번에는 절대 빠져나갈 수 없는 그물을 쳤어요. 네 개의 경찰서에서 천 명 가까운 병력을 모아 은신처 이혜수의 집을 겹겹이 에워쌌지요.

그러나 우리는 또 당하고 말았어요. 천 명이 쏘는 총알은 모두 김상옥을 비켜 갔고, 김상옥이 양손에 든 권총에서 불이 번쩍일 때마다 우리는 하나씩 쓰러졌어요.

"그래도 체포는 시간문제야. 이번엔 절대 빠져나갈 수 없을걸."

하지만 이번에도 김상옥을 체포할 수 없었어요. 김상옥이 마지막 탄환을 자신에게 썼기 때문이지요.

경성을 뒤흔든 김상옥

출생–사망 1889–1923년

　일본 경찰에게 쫓겨 다녀야 하고, 잡히면 모진 고문을 당하고, 그래도 풀려나면 또다시 독립을 위해 싸우고……. 이런 삶을 사는 독립운동가들은 정말 특별한 사람들이겠지요?

　공부도 많이 하고, 싸움도 엄청 잘할 것 같다고요? 물론 그런 독립운동가들도 있지만, 대부분의 독립운동가들은 평범한 집안에서 자란 평범한 사람들이었어요. 하지만 독립을 바라는 마음, 독립을 이루기 위해 싸워야겠다는 용기가 특별했지요.

　김상옥은 일찍 아버지를 여의고 어릴 적부터 직접 돈을 벌어야 해서 학교를 가지 못했지만, 공부를 해서 실력을 길러야 독립을 할 수 있다는 사실을 알았어요. 그래서 자신도 야학에서 공부를 하는 한편, 가난한 학생들을 위한 학교도 세웠지요.

사업도 했는데, 능력이 좋아 돈도 많이 벌었어요. 한때는 운영했던 철물점에 직원이 50명이 넘을 정도로 장사가 잘되었어요. 그렇게 번 돈을 모두 독립운동에 썼지요.

사람들에게 임시 정부의 소식을 알리고, 독립하는 데 힘을 쏟자는 내용의 신문을 만들고, 몰래 나누어 주는 일을 했어요. 그러다 발각되어 잡혔다 풀려났어요. 이후 김상옥은 중국 상하이로 가서 임시 정부 사람들을 만나고 의열단에 가입했어요. 그리고 무기를 가지고 돌아와 총독 암살을 계획했지요.

하지만 총독 암살은 하지 못하고, 종로 경찰서를 폭파하는 것에서 멈출 수밖에 없었어요. 경찰 천 명이 겹겹이 포위를 해서 빠져나올 수 없었지요.

지금 우리는 지나온 역사를 아니까 1945년에 우리가 독립했다는 사실을 알지만, 1923년에는 일본이 우리나라뿐 아니라 아시아의 다른 나라들까지 호시탐탐 노릴 정도로 힘이 강했기 때문에 당시에는 독립할 수 없을 거라고 단념한 사람들도 많았어요.

그런 생각 때문에 독립운동가였다가 마음이 변해서 친일파로 돌아서고, 오히려 독립운동가들을 괴롭힌 사람들도 많아요. 우리가 독립할 수 없을 거라고 믿어서요.

　그런데 정작 일본 경찰은 '어쩌면 우리가 질 수도 있겠는걸.' 하고 예감했을지도 몰라요. 자기들이 아무리 괴롭히고, 잡아들이고, 고문하고, 마음을 돌리려 해도 독립운동가들은 계속해서 생겨났으니까요. 김상옥은 죽었지만, 남의 나라에서 나쁜 짓을 하는 일본 총독을 암살하려는 또 다른 김상옥들이 계속 나타났으니까요.

김상옥

사람은 꿈을 이루기 위해 산다

윤봉길 ✕ 김구

    1919년에 중국으로 떠난 뒤 내 나라 땅을 밟은 게 26년 만입니다. 이렇게 오래 걸릴 줄은 몰랐습니다.

    내 나라에 돌아와 내 나라의 공기로 숨을 쉬고 보니, 오랜만에 돌아온 감격도 크지만 떠나보낸 동지들이 눈에 아른거립니다. 오늘의 감격은 함께했던 동지들의 희생 덕분에 누릴 수 있는 것입니다.

    오래전 임시 정부로 나를 찾아온 청년이 있었습니다. 청년의 이름은 윤봉길이었습니다. 오래 고생한 모습이었지만 아직 20대 초반으로 보이는 젊은 청년이었지요.

    "선생님, 제가 조국의 독립을 위해 무엇을 할 수 있겠습니까?"

    윤봉길은 올곧게 물어왔습니다.

"집을 떠나온 지도 벌써 2년이 되었습니다. 가족들에게 뜻을 품고 나가니 살아서 돌아가지 않겠다는 편지를 쓰고 나왔습니다."

"여기까지 오는 데 2년이나 걸렸단 말이오?"

윤봉길은 고향의 동지들이 마련해 준 여비를 갚으려고 상하이에 와서 채소 장사를 했다고 합니다. 그러면서 자신이 이곳에서 할 수 있는 일이 무엇인가 계속 생각했다고 합니다.

"기회를 오래 기다렸습니다. 돈을 벌려고 이곳까지 온 것이 아

닙니다. 사람이 무엇을 위해 살까요? 꿈을 이루기 위해 사는 것이 아닐까요? 내 꿈은 내 나라의 독립입니다."

윤봉길의 눈빛과 말에서 굳은 결심이 느껴졌습니다. 윤봉길은 한인 애국단 이봉창이 도쿄에서 한 일처럼 목숨을 걸고 싸우겠다고 했습니다.

"백범 선생님, 한인 애국단에 그런 계획이 또 있다면, 그 일에는 저를 써 주십시오. 저는 준비가 되어 있습니다."

"마침 당신과 같은 사람을 구하고 있었습니다."

나는 다음 계획이 곧 있다는 것을 말했지요. 일본이 상하이 훙커우 공원에서 천황의 생일을 축하하는 행사를 하니, 상하이에 있는 높은 일본인들이 모두 모일 것이라고요.

우리는 계획에 맞게 준비를 했습니다. 윤봉길을 생일잔치에 참석하는 일본인처럼 보이게 해 줄 새 옷과, 행사장에 들고 갈 도시락과 물통을 준비했습니다. 도시락과 물통에는 폭탄을 설치했습니다. 계획한 그날, 윤봉길은 나에게 시계를 내밀었습니다.

"선생님, 저와 시계를 바꾸시지요. 제 시계는 선생님이 가진 것보다 더 새것입니다. 오늘 일이 끝나면 더 이상 저는 시계를 쓸 일

이 없어질 것이니, 새 시계를 선생님이 쓰십시오."

윤봉길은 돌아올 생각이 없는 것이었지요. 나는 윤봉길이 탄 자동차가 떠나는 것을 지켜보다 돌아왔습니다. 그리고 몇 시간이 지난 후에 신문 호외가 나왔습니다.

'훙커우 공원 일인의 천장절 경축대상에 대량의 폭탄이 폭발하여 민단장 카와바타는 즉사하고 시라카와 대장, 시게미쓰 마모루, 노무라 기치사부로 중장 등 문무대관이 다수 중상.'

윤봉길이 일을 성공한 것입니다.

임시 정부의 많은 사람들이 함께 돌아왔지만 또 많은 동지들이 돌아오지 못했습니다. 윤봉길 자신이 고향집에 남긴 글처럼 그는 돌아오지 못했지만 오늘 나는 윤봉길을 가슴에 품고 이곳으로 돌아왔습니다.

도시락 폭탄을 던진 윤봉길

출생-사망 1908-1932년

윤봉길 의사가 고향을 떠날 때 나이가 겨우 스물두 살이었어요. 지금으로 치면 대학생 정도 나이밖에 안 되지만, 그때 이미 윤봉길은 한학 공부를 마치고 고향에서 농촌 계몽 운동을 했어요. 나라를 잃었지만 국민 모두가 배우고 익혀 실력을 길러야 나라를 되찾을 수 있다는 믿음 때문이었어요.

윤봉길은 친구들과 함께 야학을 세웠어요. 낮 동안에는 일을 해야 해 학교에 가지 못한 어린이들에게 글을 가르치고 우리나라의 역사를 가르쳤지요. 윤봉길과 친구들이 했던 계몽 운동은 성공하여, 어린이들에게 나라를 되찾아야겠다는 마음도 심어 줄 수 있었어요.

그러나 윤봉길의 계몽 운동이 커지는 것을 지켜보고 있던 일본 경찰은 윤봉길을 감시하기 시작했지요. 계몽 운동을 계속하는 것 말고는 다른 일을 하기가 힘들었어요. 어린이들과 청년들을 잘 가르치는 것은 중요한 일이지만, 일본의 힘은 점점 더 커져서 그것만으로는 나라를 되찾는 일이 너무 멀어 보였어요.

윤봉길은 나라를 되찾는 일에 목숨까지 걸기로 마음먹고, 고향을 떠나 상하이로 갔어요.

상하이에 있는 동안 한인 애국단의 이봉창 열사가 도쿄에 가서 천황에게 폭탄을 던졌다는 소식을 들었어요. 이 일은 실패에 그쳐 이봉창 열사만 체포되었지만, 일본인들은 깜짝 놀랐지요. 한국

윤봉길

윤봉길과 김구

인들이 독립운동을 계속해 오긴 했지만 일본 한복판에 와서 천황에게 폭탄을 던질 줄은 몰랐으니까요.

이 소식은 어떻게 하면 나라의 독립을 앞당길 수 있을까 궁리하던 윤봉길에게는 희망이 되었어요. 그래서 백범 김구를 찾아가 한인 애국단이 되어 새로운 계획에 참여하겠다고 한 것이지요.

홍커우 공원 행사장에 가지고 갈 수 있는 것이 도시락과 물통뿐이어서 윤봉길은 도시락 폭탄, 물통 폭탄 두 개만을 가지고 갔어요. 윤봉길은 물통 폭탄을 일본인 관료들이 있는 단상에 던져 터진 것을 확인한 뒤 도시락 폭탄도 터뜨리려고 했어요. 도시락 폭탄은 자결하기 위해 준비한 것이었지만 터지지 않았고, 윤봉길은 그 자리에서 체포되고 말았어요.

폭탄을 터뜨리는 데 성공한다고 해서 곧바로 독립이 되지는 않는다는 것을 윤봉길도 알고 있었지요. 하지만 남의 나라를 침략하는 일을 우리가 그냥 참고만 있지 않는다는 사실을 일본인들에게 깨닫게 해 주었고, 나라 안팎의 동포들에게는 독립에 대한 열망과 용기를 심어 주었답니다.

하늘에서 7,000시간

권기옥 ✕ 사관생도

일본어 수업 시간인데, 어제 영어를 가르쳤던 여자 교관님이 교실로 들어왔어요.

"교관님! 일본어 시간입니다!"

교관님은 씩 웃고는 아무렇지 않게 교단에 섰어요. 그리고 유창한 일본어로 말했지요.

"일본어도 내가 가르친다. 아울러 일본인을 어떻게 알아볼 수 있는지도 내가 알려 주겠다. 다들 잘 배워서 앞으로 일본군과 맞닥뜨렸을 때 요긴하게 쓰길 바란다. 적국의 말을 잘하면 싸우다 적지에 떨어졌을 때 살아남게 해 줄 것이다."

쉬는 시간에 멍하니 있는 나에게 친구가 다가왔어요.

"왜 그렇게 멍해?"

"영어도, 일본어도 남을 가르칠 만큼 잘한다는 건가?"

내 말에 친구가 내 어깨를 탁 때렸어요.

"몰랐어? 심지어 저 교관님은 한국인이야. 저분한테는 중국어도 외국어야. 외국어 잘하는 것 말고도 아주 유명한 사람인데 몰라?"

솔직히 말하면 여자 교관이 있어서 좀 신기했어요. 사실 어지

러운 시대에 나라를 지키는 데 남녀가 따로 있을 리가 없긴 하지요.

"우리 정부가 대한민국 임시 정부와 협력 관계라더니, 그래서 우리 교관으로 온 거겠지? 대단하네."

"그래서 대단한 게 아니야. 저분은 우리 공군 대위야. 중화민국 국민혁명군 공군이라고."

친구가 들려준 이야기는 놀라웠어요. 만세 운동을 하다 잡혀 감옥에도 다녀왔대요. 갓 스물일 때 혈혈단신 중국으로 건너와 공부하고, 항공학교에도 입학했지요. 조국을 빼앗은 일본으로 전투기를 타고 날아가 공격하겠다는 목표를 품고서요.

윈난성 성장이 그 뜻에 감탄하여 여자 생도를 받지 않았던 윈난 항공학교에 입학시켰다고 해요.

윈난 항공학교 1기 졸업생 권기옥이 우리 교관님의 이름입니다.

"비행 시간이 7,000시간이라던가? 아무튼 대단한 분이야. 다들 겁나서 항공학교를 지원하지 않는다잖아. 여기도 그렇지만 한국에도 비행사가 별로 없고, 여자 비행사는 더욱 드물겠지."

사람 마음이 참 갈대와 같아요. 그분이 살아온 것을 듣자 단숨에 반하고 존경하게 되다니! 싸우는 목적은 물론 한국을 위해서겠지만, 빼앗긴 땅을 찾고 빼앗긴 나라를 찾겠다는 마음만은 같다고 생각해요.

"정신 차려. 자네가 교관님한테 반한 것은 알겠지만, 이미 결혼하셨다고! 국민혁명군 이상정 소장이랑 말이야."

"아니야. 나는 정말 권기옥 교관님한테 반했어. 그분처럼 유능한 장교가 되어 우리 땅에서 일본 놈들을 몰아내겠어. 우리가 그분의 애국심을 본받고, 그분처럼 강하다면 그런 날이 금세 오지 않겠어?"

나는 사관학교에 입학하길 아주 잘했다는 생각이 들었어요. 권기옥 교관님 때문에요.

최초의 여자 비행사 권기옥

출생 - 사망 1901 - 1988년

　권기옥이 중국에 있는 항공학교에서 비행술을 배운 것은 우리나라에는 비행술을 가르치는 학교가 없었기 때문이에요. 권기옥은 어릴 때 미국 비행사의 곡예비행을 본 이후부터 비행사가 되고 싶다는 꿈을 품었어요. 나중에는 전투기에 폭탄을 싣고 가서 우리를 괴롭히는 조선 총독부를 폭파하겠다는 꿈도 가졌지요.

　3.1 운동 이후에 국내에서 독립운동을 하던 권기옥은 일본 경찰에 쫓기게 되자, 임시 정부가 있던 상하이로 건너가 독립운동을 이어 갔어요. 그리고 마침내 새로 문을 연 윈난 육군 항공학교에 입학했어요.

　다른 항공학교들은 여자 입학생을 받지 않았는데, 독립운동을 위해 비행사가 되겠다는 권기옥의 꿈에 감동해서 윈난 육군 항공학교가 받아 주었어요.

꿈만 컸던 것이 아니라 권기옥은 아주 뛰어난 비행사였어요. 원래 처음 비행 훈련을 할 때에는 혼자서 비행을 하지 않고 훈련 교관이 함께 타는데, 권기옥은 훈련 아홉 시간 만에 혼자서 단독 비행을 해도 된다는 허락을 받을 정도였지요.

권기옥은 윈난 항공학교 1기로 졸업한 뒤 다시 대한민국 임시 정부로 돌아갔어요. 하지만 임시 정부에는 비행기를 살 만한 큰 돈이 없다는 게 문제였어요. 아무리 뛰어난 비행사여도 비행기가 없다면 할 수 있는 일이 없으니까요.

권기옥은 대한민국의 독립을 지지해 주던 중화민국 국민혁명정부 공군에 들어가서 비행을 계속했어요. 그때는 국민혁명정부에도 공군이 생긴 지 얼마 안 되었고, 비행기가 무서워서 공군이 되려고 나서는 사람들이 많지 않았어요. 그래서 중국의 젊은이들에게 용기를 주기 위해 선전 비행을 하기로 했답니다. 권기옥은 이 비행이 끝나면 곧장 일본으

권기옥

로 날아갈 생각이었어요.

비록 이 선전 비행은 취소가 되어 계획대로 하지는 못했지만, 권기옥은 국민혁명정부 공군에서 계속 비행을 했어요. 그리고 군인들을 가르치는 육군 참모학교의 교관으로 계속 일했지요.

첫 단독 비행 후

수많은 독립운동가들이 우리나라가 독립되는 것을 보지 못한 채 돌아가셨지만 권기옥은 독립한 조국에 다시 돌아올 수 있었어요. 그리고 대한민국에서 공군이 세워지는 데 큰 도움을 줄 수 있었답니다.

가장 행복한 나라를 만들기 위해

김원봉 ✕ 밀정

약산 김원봉을 아느냐고요? 알지요, 잘 알지요. 나랑 인연이 깊어요. 뭐, 나랑 나이 차이는 많이 납니다만!

옛날에는 다 그랬어요. 그때는 열다섯 살에 결혼도 하고, 자식도 낳고, 돈 번다고 집 떠나고, 독립운동한다고 총도 들고…….

김원봉은 나보다 열다섯은 더 어릴 거예요. 처음 만난 것은 그러니까 내가 한창 돈 벌러 상하이에 자주 다닐 때인데, 거기서 봤어요. 상하이에서 말이죠. 어찌어찌 하다 밥도 같이 먹었지요.

"자네는 이 멀리까지 뭐 하러 왔는가? 나야 장사꾼이라 큰 데 나온 거지만. 자네는 한참 어려 보이는데……."

"아, 네. 올해 제가 열여덟입니다. 친척 아저씨가 여기 먼저 자리

잡으셨어요. 제가 서울에 있는 학교에서 소동을 좀 피워서 여기서 학교를 다닐까 해서요."

주거니 받거니 한참 떠들다 헤어졌어요. 자기가 밀양 사람 김원봉이라고 하더라고요. 어쩐지 서울에서 왔다고 했는데 사투리를 쓰더라니!

헤어져서 나는 김원봉의 뒤를 몰래 밟았어요. 사실 장사도 장

사지만 상하이에서 하는 큰 돈벌이는 밀정 노릇이었어요. 1910년 일본에 나라를 빼앗기고 나서부터 조선 사람들이 자꾸 선양이니 상하이니 중국으로 건너갔거든요. 나는 일본이랑 연줄이 좀 오래 됐어요. 내가 친일 단체인 일진회 출신이거든요. 그래서 나한테 그런 일을 하라고 의뢰가 들어왔지요.

아무튼 장사도 하고, 상하이에서 활동하는 독립운동가 양반들 정보 좀 캐내서 건네면 그 돈도 쏠쏠했어요. 김원봉의 뒤를 밟은 것도 그런 의심이 들어서였어요. 예사 눈빛이 아니었어요. 촉이 왔지요.

몰래 쫓아갔더니 그 친척 아저씨라는 사람이 독립운동가 신규식이었어요. 그렇다면 김원봉이라는 그 녀석도 계속 감시해야 할 대상이지요.

그런데 얼마 뒤에 봤더니 정말 중국에서 학교에 들어갔지 뭐예요. 학교를 착실하게 다니더라고요. 그래서 그냥 수첩에서 이름을 지웠어요. 더 이상 감시도 안 하고요.

1919년에는 참 많은 일이 있었지요. 일단 전국에서 만세 운동을 했잖아요. 그리고 상하이에 대한민국 임시 정부도 세워졌고요.

나는 더 바빠졌어요. 나랑 연락하던 일본 경찰은 짜증이 많이 늘었어요.

"야, 의열단이 뭐야? 너는 왜 의열단에 대해 보고 안 했어?"

"자세히 알아보겠습니다."

나는 그래도 꽤 유능한 밀정이었어요. 내가 뭘 놓친 것인지 알아봤더니 정말 만주에 의열단이 있더라고요. 소문으로는 천 명이 넘는다는데, 그거는 허풍 같기도 하고요. 나는 선양에 있는 내 정보원한테 두목 이름을 가져오라고 했어요.

"이름이 김원봉이랍니다. 자기들끼리는 의백이라고 하고요. 경상도 밀양 출신이라던데요. 정의로운 일을 해서 행복한 조국을 만들겠답니다. 아, 그리고 다음 목표가 상하이에서 주로 활동하는 일진회 출신 밀정 이용규랍니다. 마침 봉천에 와 있어서 잡는다고요. 아는 사람입니까?"

나는 깜짝 놀랐어요. 그때 그 학생 김원봉이 의열단 두목이었다니, 그리고 나를 죽일 거라니! 등에 땀이 주르륵 흘렀지요. 나는 그길로 당장 도망쳐 서울로 돌아왔어요. 그리고 다시는 상하이에 가지 않았어요.

의열단 단장 김원봉

출생–사망 1898–1958년

  부산 경찰서 습격 사건, 밀양 경찰서 폭파 사건, 조선 총독부 폭파 사건, 육군 대장 다나카 기이치 암살 미수, 밀정 배정자 암살 미수, 종로 경찰서 폭파 사건 등 친일파와 일본 관리, 일본군을 처단하기 위해 의열단이 벌인 일들이 많아요.

  약산 김원봉은 '정의로운 일'을 하기 위해 모인 의열단의 가장 큰 형, '의백'이었어요. 아마 나이로 의백을 정하지는 않았을 거예요. 1919년 청년들이 모여 의열단을 만들었을 때 김원봉의 나이는 겨우 스물한 살이었거든요.

  김원봉은 1916년 열여덟 살에 서울에서 학교를 졸업하고 중국 상하이로 건너갔어요. 그리고 이미 망명해서 독립운동을 하고 있던 신규식의 도움을 받아 금릉대학에 들어가 공부를 하고, 상하이의 독립운동 비밀 조직 동제사의 지도를 받아 의열단을 조직했어요.

의열단이 만들어진 1919년에는 전국적으로 3.1 운동이 있었는데, 의열단은 이 만세 운동이 실패했다고 생각했어요. 일본을 이기기 위해서는 평화적인 방법보다는 무력으로 확실하게 해야 한다고요.

그래서 나라를 일본에 넘기고, 일본의 지배에 협력하는 사람들에게 복수를 하고, 조선 총독부의 힘을 약하게 만들기 위해 의열단이 할 일을 정했어요.

나라의 독립을 위해서라면 무력만을 수단으로, 암살만을 정의로 삼는다며 다섯 곳의 적군 기관을 파괴하고, 일곱 악을 제거해야 한다고 했어요.

다섯 곳의 적군 기관은 조선을 지배하는 조선 총독부, 조선인들의 재산을 빼앗는 동양 척식 주식

김구와 함께 찍은 사진
(첫 번째가 김구, 네 번째가 김원봉)

회사, 총독부의 기관지를 내는 매일신보사, 조선인을 괴롭히는 경찰서들 등이었어요. 그리고 암살해야 할 일곱 악은 총독부의 고문, 군수뇌부, 타이완을 지배하던

김원봉과 1938년에 결성된 조선의용대

총독, 친일파 거물들, 밀정, 한국인의 적이 되어 버린 부자들이었지요.

　폭력으로 평화를 만들 수는 없어요. 이제까지도 그랬고, 앞으로도 그럴 거예요. 그러나 남의 나라를 짓밟은 일본인들과 민족을 배신한 사람들에게 벌을 준 김원봉과 의열단의 활동은 우리가 결코 독립을 포기하지 않는다는 점을 그들에게 일깨워 주었고, 힘들게 살아가던 동포들에게는 독립의 희망을 주었답니다.

이 사람을 기억해 주세요.

이름:

어떤 일을 했나요?

꼭 기억하고 싶은 장면을 그려 보세요.

참고 자료

- 김구, 《백범일지》(1947)
- 정정화, 《장강일기》(학민사, 1998)
- 국사편찬위원회 웹사이트
- 공훈전자사료관 웹사이트
- 덕성여자대학교 웹사이트
- 한국민족문화대백과사전 웹사이트
- KBS 3.1 운동−대한민국 임시 정부 수립 100주년 특별기획 '나의 독립 영웅'
- MBC 특별기획 '1919−2019, 기억−록'

사진 자료

- 위키백과
- 국사편찬위원회
- 대한민국임시정부기념사업회